朱子近思录

〔宋〕朱　熹　吕祖谦　撰

严佐之　导读

上海古籍出版社

图书在版编目（CIP）数据

朱子近思录 /（宋）朱熹,（宋）吕祖谦撰；严佐之
导读. —上海：上海古籍出版社,2020.5(2023.11重印)
（天地人丛书）
ISBN 978-7-5325-9621-8

Ⅰ. ①朱… Ⅱ. ①朱… ②吕… ③严… Ⅲ. ①朱熹（
1130—1200）—哲学思想—研究 Ⅳ. ①B244.75

中国版本图书馆CIP数据核字（2020）第073055号

天地人丛书

朱子近思录

【宋】朱 熹 吕祖谦 撰
严佐之 导读

上海古籍出版社出版、发行

（上海市闵行区号景路159弄1-5号A座5F 邮政编码201101）

（1）网址：www.guji.com.cn
（2）E-mail：guji1 @ guji.com.cn
（3）易文网网址：www.ewen.co

启东市人民印刷有限公司印刷

开本 850×1168 1/32 印张 8.375 插页 3 字数 167,000
2020 年 5 月第 1 版 2023 年 11 月第 3 次印刷
ISBN 978-7-5325-9621-8

B·1146 定价：38.00 元

如有质量问题，请与承印公司联系

出版说明

　　儒家自孔子开派以来,留意的是修齐治平之道、礼乐刑政之术,其间虽有仁义中和之谈,但大抵不越日常道德之际。汉唐诸儒治经,大多着重名物训诂、典章制度,罕及本体。及至宋儒,始进而讨究原理,求垂教之本原于心性,求心性之本原于宇宙。故原始儒学的特色是实践的、情意的、社会的、人伦的,而源于宋、延及明清的儒学(即宋明理学)的特色则是玄想的、理智的、个人的、本体的。

　　北宋周敦颐作《太极图说》,阐发心性义理之精微,奠定了理学的基础。此后理学昌盛,大致可分三大系统:二程(程颢、程颐)、朱熹一系强调"理",陆九渊(象山)、王守仁(阳明)一系注重"心",张载、王夫之(船山)一系着眼"气"。清初颜元(习斋)初尊陆王,转宗程朱,最终回归原始儒学,以"实文、实行、实体、实用"为治学宗旨。

　　《天地人丛书》选取宋明及清初诸位大儒简明而有代表性的著作凡8部,具体如下:

1. 周子通书

北宋周敦颐字茂叔,世称濂溪先生。他继承了《易传》和部分道家、道教思想,提出一个简单而有系统的宇宙构成论:"无极而太极","太极"一动一静,产生阴阳万物;圣人模仿"太极"建立"人极";"人极"即"诚","诚"是道德的最高境界。周敦颐的学说对以后理学的发展产生极大影响,他的代表著作《通书》不仅蕴涵丰富的义理,而且浑沦简洁,为后人提供了广阔的想象与阐释空间,被后世奉为宋明理学首出之经典。

本书以清道光二十六年(1846)何绍基刻《宋元学案》本为底本排印。书后附相关文献六种:《太极图》《太极图说》《朱子论太极图》《朱子论通书》《朱陆太极图说辨》《梨洲太极图讲义》。

2. 张子正蒙

北宋张载字子厚,世称横渠先生。张载提出"太虚即气"的理论,肯定"气"是充塞宇宙的实体,"气"的聚散变化形成了各种事物现象。张载一生著述颇丰,有《文集》《易说》《春秋说》《经学理窟》等,《正蒙》是他经过长期思考撰成的著作,是其哲学思想的最终归结。因此,该书不仅受到理学家的推崇,其他学者也十分重视。

本书以清同治四年(1865)金陵书局刻《船山遗书》本《张子正蒙注》为底本排印,除《正蒙》原文之外,还收录了明末清初王夫之的注释。

3. 二程遗书

程颢字伯淳，世称明道先生。程颐字正叔，世称伊川先生。兄弟俩同为北宋理学的奠基者，后世合称"二程"。程颢之学以"识仁"为主，程颐之学以"穷理"为要，他们的学说后来为朱熹所继承和发展，形成了程朱学派。《二程遗书》较为全面地体现了二程理学思想。该书反映了以程颢、程颐为首的北宋洛学的思想特征，也反映了二程的历史观点。

本书以清同治十年（1871）涂宗瀛刻《二程全书》本为底本。书后附《明道先生行状》《墓表》《门人朋友叙述并序》《伊川先生年谱》等相关文献。

4. 朱子近思录

南宋朱熹发展了二程关于理气关系的学说，集理学之大成。他的著作在明清两代被奉为儒学正宗，他的博学和精密分析的学风也对后世学者影响巨大。《近思录》十四卷，是朱熹在另一位理学大师吕祖谦的协助下，采摭周敦颐、程颢、程颐、张载四先生语录类编而成。此书借四人的语言，构建了朱熹简明精巧的哲学体系，被后世视为"圣学之阶梯""性理诸书之祖"。

本书以明嘉靖年间吴邦模刻本为底本。书后附《朱子论理气》《朱子论鬼神》《朱子论性理》三篇，均摘自《朱子语类》。

5. 象山语录

南宋陆九渊,世称象山先生,他提出"心即理"之说,认为天理、人理、物理即在吾心之中,心是唯一的实在。《语录》二卷集中反映了他的思想特征。

本书以上海涵芬楼影印明嘉靖间刻《象山先生全集》本为底本。

6. 阳明传习录

明王守仁,世称阳明先生,他发展了陆九渊的学说,形成"陆王学派",主张用反求内心的修养方法"致良知",以达到"万物一体"的境界。《传习录》三卷,是王阳明心学的主要载体。

本书以明隆庆六年(1572)谢廷杰刻《王文成公全书》本为底本。

7. 船山思问录

明末清初的王夫之,字而农,世称船山先生。他对心性之学剖析精微,有极浓厚的宇宙论兴趣,建构了集宋明思想大成的哲学体系;他不仅博览四部,还涉猎佛道二藏,工于诗文词曲。船山之学博涉多方,若要对其思想有一个鸟瞰式的把握,《思问录》可作首选。此书分为内外二篇,内篇是对自家基本哲学观点的陈述,外篇则是申说对具体问题的看法。《思问录》是船山学说主要观点的浓缩,可与《张子正蒙注》互相发明。

本书以民国二十二年（1933）上海太平洋书店排印《船山遗书》本为底本。末附《老子衍》《庄子通》二种。

8. 习斋四存编

清颜元号习斋，少时好陆王书，转而笃信程朱之学，最终又回归周孔，提倡恢复"周孔之学"。在学术上，和学生李塨一起，倡导一种注重实学、强调"习行""习动"、反对读死书的学风，世称"颜李学派"。被后人推崇为"继绝学于三古，开太平以千秋"的《四存编》，反映了颜习斋一生的思想历程。此书分"存性""存学""存治""存人"四编，作者的主要思想表现在"存性""存学"两编里，"存人编"则专为反对佛教、道教和伪道门而作。

本书所依底本为民国十二年（1923）四存学会排印《颜李丛书》本，该版本在民国时流传较广，但相较于康熙年间初刻本，略去若干序跋、评语。此次整理，将略去部分补足，以还初刻本之原貌。

本丛书每本之前，冠以专家导读，勾勒其理论框架，剔抉其精义奥妙，探索其学术源流、文化背景，以期在帮助读者确切理解原著的同时，凸现一代宗师的学术个性。同时，整套丛书亦勾画出宋明理学前后发展的主线，是问津宋以后儒学演进、下探当代新儒学源流必读的入门书。

目　录

朱子近思录导读

严佐之

一

南宋孝宗淳熙二年夏，吕祖谦从东阳风尘仆仆来到建阳，在群山环翠的寒泉坞与庐墓守孝的朱熹相会，切磋论学。旬日之后，一部由两位理学大师携手合编的著作，完稿于寒泉精舍，那就是被后世视为"圣学之阶梯""性理诸书之祖"的《近思录》。

《近思录》为朱、吕二人共同编纂，这是有晦庵自序、东莱题词及其他文献灼然可证的。而且吕祖谦为此用力不小，并非徒挂虚名。但自明清以来，人们却似乎更愿意把《近思录》作为朱熹的学术成果去研读。有清康熙朝理学名臣张伯行在《续近思录》自序里就这样认为："自朱子与吕成公采撷周、程、张四子书十四卷，名《近思录》，嗣是而考亭门人蔡氏有《近思续录》，勿轩熊氏有《文公要语》，琼山丘氏有《朱子学的》，梁溪高氏有《朱子节要》，江都朱氏有《朱子近思录》，星溪汪氏又有《五子近思录》，虽分辑合编，条语微各不同，要皆仿朱子纂集四子之意，用以汇订朱子之书者。"虽说乾隆间四库馆臣曾为吕氏正名，认为此乃"后来讲学家力争门户，务黜众说而定一尊，遂没祖谦之名，但称'朱子近思录'，非其实也"，但不少学人仍一如既往。近代国学大师梁启超在三十年代曾为《清华周刊》拟写过一份《国学入门书要目及其读法》，在入目的《近思录》条下，就干脆免提吕祖谦之名，而独署以"朱熹著"。比较公允的说法是二人的作用有主次之别：

《近思录》的编定是以朱熹为主，吕祖谦的助编并不妨碍《近思录》是一部典型的程朱学派的代表作。因为《近思录》的序次规模及其所体现的理论体系，只有"集理学之大成"的朱文公能与之合配。就此而言，称"朱子近思录"也并不为过。

朱熹一生撰述、注释、编纂的著作多达二十余种。就著作形式、性质而言，《近思录》既不是他自己的论说，也没有发明大义的诠释，只是类编周敦颐、程颢、程颐、张载四子语录而已，并非宏帙巨制，但其影响之大、流布之广，在朱子众多著述中却始终名列前茅。在历经宋元明清和民国的七百余年间，《近思录》屡屡刻印，版本之多，仅次于钦定科举必读的《四书集注》。若论后人注解、续补之作，更堪推翘楚，但见《四库全书总目》一并收录宋叶采、清茅星来和江永三种注本，在正经、正史之外，也算得十分的厚待。有意思的是，在受中华文明、儒家思想和宋明理学影响很深的海东邻国，朱熹著作的流传刊布也与中华本土呈同样态势。据韩国有关古书目录提供的信息数据统计，在相当于元末至清末的近六百年间，高丽、朝鲜两朝曾有过十余次铜活字排印或木板刻印《近思录》的记录，也仅次于《四书集注》版本之数。

频仍不断的翻刻重印和补辑续编表明，《近思录》是最流行热销的朱熹著作之一。当然，最流行热销并不等同学术上的最高，但至少可以肯定它具有某一方面的特殊意义。无独有偶的是，梁启超《国学入门书要目及其读法》这部专为清华学子拟定的推荐书目，也只遴选了《四书集注》和《近思录》这两种刻印频率最高的朱熹著作。梁任公推荐这些古书的指意，是让青年学生"依法读之，则国学根柢略立"。所以，凡入目者都是他认定的国学基础读本。例如选《四书集注》为《论》《孟》最佳注本，就并非因其曾经钦定登龙必修，而真出于它是朱熹"生平极矜慎之作"的考虑。那末《近思录》呢？任公解释说："读此书，可见程朱一派之理学，其内容如何。"读《近思录》可知程朱理学大概，任公之后，钱穆先生也如是说："后人治宋代理学，无不首读《近思录》。"若是，则无怪乎在奉行性理之学的时代，会屡刻屡印，久盛不衰。

对《近思录》的定位，并不仅仅是后来受众的主观体认，而同样是编者预定的目标。朱熹自序说得很清楚：

> 淳熙乙未之夏，东莱吕伯恭来自东阳，过予寒泉精舍，留止旬日，相与读周子、程子、张子之书，叹其广大闳博，若无津涯，而惧夫初学者不知所入也。因共掇取其关于大体而切于日用者，以为此编，总六百二十二条，分十四卷。盖凡学者所以求端用力、处己治人之要，与夫辨异端、观圣贤之大略，皆粗见其梗概。以为穷乡晚进有志于学而无明师良友以先后之者，诚得此而玩心焉，亦足以得其门而入矣。如此，然后求诸四君子之全书，沈潜反复，优柔厌饫，以致其博而反诸约焉，则其宗庙之美、百官之富，庶乎其有以尽得之。若惮烦劳，安简便，以为取足于此而可，则非今日所以纂集此书之意也。

及至花甲之年，朱熹仍然向学生陈淳表达过同样的意思：

　　《近思录》好看。四子，六经之阶梯；《近思录》，四子之
阶梯。

　　"得其门而入"也好，"阶梯"也好，都说明朱熹的初衷，
"仅为初学人，非是致博而反约"，"非所以包古今、尽学问之
体"。然而，后世对《近思录》的评价赞誉，却呈一路飚升之
势："自孔、曾、思、孟以后仅见此书"；"直亚于《论》《孟》《学》
《庸》"；"一本概括二程理学体系的著作"，"具体而微地构造
出了以实用伦理人生哲学为核心的二程理学体系"，"是袖珍
版的二程理学体系，是袖珍版的性理群书"；不仅是"学习二
程理学的简便阶梯"，还是朱熹"他自己的理学思想的阶梯
和入门书"，是"他借用周、程、张的语言建立了自己简明精
巧的理学体系"，"可以说是他的学派及其思想确立的标志"，
等等。

　　一部辑录前贤思想言论而成的语录体普及读物，能否
承载得起"理学体系"的重荷？如果能，又是如何承载起来
的呢？

<h2 style="text-align:center">二</h2>

　　淳熙二年，是什么原因让朱熹"突发奇想"，邀约来访的
吕祖谦共同编纂《近思录》？朱、吕自序尽管有所交待，但这
个"视点"太小，不足洞察其真实之全部。倘若放宽视界，"瞻
前顾后"，或能有所启示。

清人王懋竑《朱子年谱》，考订事实虽未尽是，但以下一段记录大体无误：

> 乾道六年庚寅春正月，葬母祝孺人于寒泉坞。乾道八年壬辰春正月，《论孟精义》成；夏四月，《资治通鉴纲目》成，《八朝名臣言行录》成；秋十月，《西铭解义》成。乾道九年癸巳夏四月，《太极图说解》《通书解》成；六月，《程氏外书》成，《伊洛渊源录》成。淳熙元年甲午夏五月，编次《古今家祭礼》。淳熙二年乙未夏四月，东莱吕公伯恭来访，《近思录》成；偕东莱吕公至鹅湖，复斋陆子寿、象山陆子静来会。

这已经是一个绝对令人叹为观止的著述记录，但事实似乎还不止于此。据治朱子学者考订，他在乾道六年曾修定《中庸集解》，亦名《中庸详说》；乾道七年《大学章句》初稿成；乾道八年写出《仁说》《论性答稿》两篇著名论文，并作《中庸章句》；乾道九年为石𡼏《中庸集解》弁序，并修订《诗集解》。又据考，就在乾道六年至淳熙元年这五年中，朱熹八次辞免朝命，以潜研于斯，著书立说。这无疑是朱熹学术生涯中一段非常出彩的时期，治朱子学者称之为"寒泉著述时期"；而《近思录》正是"寒泉著述时期"终结时的作品。

显而易见，朱熹在"寒泉著述时期"作全身心投入的，是对以周、程、张四子为代表的理学思想的思考和研究。

《论孟精义》的成稿，已经朱熹多年积累，它以二程先生注为主体，"又取夫学之同于先生者与其有得于先生者，若横

渠张公、范氏、二吕氏、谢氏、游氏、杨氏、侯氏、尹氏凡九家
之说以附益之"，可谓程门《论》《孟》学说的集成之作。二
程子、张子皆极推尊《论》《孟》，所谓"要见圣人，无如《论》
《孟》为要"。他们奉《论》《孟》为探索、接续圣学奥义的基
本经典，很多理学概念，都从《论》《孟》推引演绎而得。朱
子归宗二程，亦由《论》《孟》入港。钱穆先生《朱子新学
案》说：

> 朱子为学途径，本亦自程门上窥二程，又自二程上通《语》
> 《孟》，此与当时一般理学家大体无异。逮其进而益深，乃轨辙
> 大变，盖自《语》《孟》下观二程，又自二程下观程门，而后其间
> 之得失违合，乃一一昭揭无可隐遁。若论义理大原，自在《语》
> 《孟》。

通过《论》《孟》，朱熹从"奋乎百世绝学之后"的二程夫子
处，"得夫千载不传之绪"："《论语》之言，无所不包，而其所
以示人者，莫非操存涵养之要；七篇之指，无所不究，而其
所以示人者，类多体验充扩之端。"继《精义》之后又有《集
注》。向称《精义》是北宋理学诸儒阐发孔孟义理的精髓，
《集注》又是《精义》的精髓。故《精义》之作，实在是朱熹
"上通""下观"二程的一个中途驿站。与《论孟精义》一体相
关的是朱熹对《大学》《中庸》的关注，虽说"寒泉时期"所作
"详说""章句"都只是"草本"，但意义甚大，尤关《近思录》
处，待下文细说。

《二程外书》是乾道四年所编《二程遗书》的补编，目的在于"正本清源"。盖因当时流传二程遗作相当混乱，"二先生门人记其所见闻答问，始诸公各自为书，先生殁而其传浸广，然散出并行，无所统一，传者颇以己意私窃窜易，历时既久，殆无全编"。文献的淆乱，甚有害于学。"学者未知心传之要，而滞于言语之间，或者失之毫厘，则其谬将有不可胜言者"，何况"后此且数十年，区区掇拾于残编坠简之余，传诵道说，玉石不分，而谓真足以尽得其精微严密之旨"。《遗书》《外书》校订精审，"足以正俗本纷更之谬"，而二程遗言，亦网罗大备。更在寒泉之前，朱熹还精心校订了《二程文集》《经说》和《易传》，因张南轩据胡文定家传本刻二程集的版本之疑，贻书辩难，一再往复，累数千言。对朱熹艰辛梳理二程学术文献的最好回报，是让他走近一个真切的二程精神世界。

解说周子《太极图说》《通书》和张子《西铭》更具有特别意义。濂溪先生被尊为"道学宗主"，但在朱熹之前，却并未享有此等殊荣。二程早年尝游学于濂溪，但以后却不甚提及。对胡安定，他们言必称先生；对周敦颐则直呼其字茂叔；对《太极图》更是未予一顾。所以程门嫡传也不推重濂溪其人其书。唯朱熹之师李侗，颇为欣赏濂溪气象。受乃师影响，朱熹究心于周子《太极图说》，并巧妙地把无极、太极之说与二程性命学说贯通融会，谓濂学之妙，"具于《太极》一图，《通书》之言，皆发此图之蕴，而程先生兄弟语及性命之际，亦未尝不因其说"，一下子把宋代理学的源头从二程推到濂溪。

虽然这并非尽合周、程学术渊源的事实,却周全了朱熹反思北宋理学的内在逻辑。后来,《太极图说》上了《近思录》头条位置,钱穆先生评说这是朱子在当时理学界的"一大贡献",诚非虚溢之言。二程对张载,但推重《西铭》而不及其他,尝谓"《孟子》之后只有《原道》一篇,其间言语固多病,然大要尽近理。若《西铭》,则是《原道》之宗祖也"。朱子赞赏《西铭》,更深二程一层。他把原本是道德伦理说的张子《西铭》,与《太极通书》并举,与周子学说会通,解释成具有哲学本体论意义的《西铭解》。对《太极图说》《通书》和《西铭》的反思和诠释,标志着"寒泉时期"的朱熹已从归宗程学进入超越程学的阶段,融会四子学说的理学,实在已经成为朱子的理学。诚如《朱子新学案》所论:"当时儒者多议两书,妄肆诋诃,此辈亦是理学门中人也,知有二程,不知有周、张,二程所说则是,周、张之说则非。朱子之表彰周、张,实为朱子学术在程门传统下一大转手。"而这"一大转手",尽在《近思录》中得以昭示。

至如《伊洛渊源录》一书,"尽载周、程以来诸君子行实文字",其指意亦在替程门叙脉络,辨异端。而《八朝名臣言行录》,则掇取"国朝名臣言行之迹"以"补于世教"。二书既为张扬四子理学之羽翼,也表明"寒泉著述时期"的朱熹已经展开了理学百年历史的全面反思。通过《通鉴纲目》,朱熹用"天理"核正历史,用历史的正统、非正统鉴照当世政治。《纲目》是史籍,但它又是理学气十足的史籍。在《近思录》的不少篇目,如"治国平天下"中,显然存有可与《纲目》相契合、相印证的思想成果。

由"寒泉时期"再向上追溯，朱熹幼承庭训，十四岁遵父遗命，禀学胡籍溪、刘屏山、刘草堂，此三先生皆好佛老。受其影响，朱熹"年十五六时，亦尝留心于禅"，"于释氏之说，盖尝师其人，尊其道术之亦切至矣"。直至年届而立之际，拜见问学于程氏三传弟子李侗，方知昨非今是，遂幡然改辙，踏上"逃佛归儒"之途。及隆兴元年延平先生殁，朱熹"遽有山颓梁坏之叹，伥伥然如瞽之无目，摘埴索途，终日而莫知所适"。此后数年间，他会南轩于湘衡，切磋问辨；潜研二程原著，寻思精蕴。终于从伊川"涵养须用敬，进学则在致知"一语中获得感悟和启示。乾道六年母亲的故世，寒泉坞庐墓守孝，恰好给他充足的时间和无扰的环境，去细思、去总结、去提升刚刚确立的学问大旨。于是，他的著述随由他的思想如涌泉喷薄而出；于是他用《近思录》宣告"寒泉著述时期"的结束；于是他怀着他的新思想走向鹅湖，与象山兄弟展开一场理学史上不朽的论辩。

"瞻前顾后"，我们有理由相信，成稿于寒泉终结之际的《近思录》，不能不受到这一重要学术时期的影响，不会不反映这一重要反思时期的成果，即使它只是一部指导初学入门的理学启蒙读物。

三

《近思录》所收六百二十二则四子语录，分别取材于濂溪

《太极图说》《通书》，横渠《文集》《正蒙》《经说》《论孟说》《语录》，二程《文集》《遗书》《外书》《易传》《经说》等书，其中也有少量今本遗佚者，可略补四子文献之阙。但作为一部有目的地系统介绍理学四子思想的语录体编著，《近思录》的学术文献价值，与其说在于四子语录本身，不如说在于编者剪裁序缉的运思构想，而篇目的标立更反映编者对理学整体架构和内在联系的精思深虑。这当然并非主张读《近思录》只须看篇目结构，不必读语录内容，而是说，《近思录》绝大部分内容并非原创，从文献意义上说，无足轻重，只是经过遴选，把原本分散各书的论议文字汇集一编，便于学者观览阅读而已。但若只有纂集之功，没有辑次之思；只有"规模之大"，而无"纲领之要""节目详明"，又岂能让一大堆文献资料产生明晰体系的效果。所以，《近思录》用以解析四子"广大闳博，若无津涯"理学思想的篇目结构，才是真正属于朱熹的、具有原创性学术意义的东西。

《近思录》分卷十四，卷各标立篇名。但其始出之初，却只有分卷，"各卷之中，惟以所引之书为先后，而不及标立篇名"。好在朱熹后来在别处有所交待，尚可知其本意如何。《朱子语类》载吴振录一条云：

> 《近思录》逐篇纲目：一道体，二为学大要，三格物穷理，四存养，五改过迁善、克己复礼，六齐家之道，七出处进退辞受之义，八治国平天下之道，九制度，十君子处事之方，十一教学之道，十二改过及人心疵病，十三异端之学，十四圣贤

气象。

钱穆先生以为吴振记录"不知在何年,只举《近思录》逐篇纲目,却不再下一语,其义何在,大可疑,或是记者忽略了朱子当时所说,仅把逐篇纲目录下,乃成全无意义"。然窃推之恐亦不外其弟子因《近思录》不及标立篇名有问,朱子作答之语耳。特举纲目之要,并非代为篇名,故语词颇不规整。后世传刻印本,篇名各有更易,蕴义皆不离朱子原意。比如盛行元明两代的叶采集解本,篇名除卷一"道体"无异外,余皆有所删简缩改。如卷二删作"为学",卷三简作"致知",卷五改成"克治",卷六、卷七缩成"家道""出处",卷八以"治体"概括"治国平天下之道",卷九改"制度"为具体"治法",卷十称"政事"而举"君子处事"之要,卷十一删"之道"二字,卷十二把"改过及人心疵病"精简为"警戒",卷十三、十四略作改动,曰"辨别异端""总论圣贤"。清茅星来注本又稍加改易,若卷五作"省察克治","出处"改为"去就取舍",卷十别为"临政处事之方",末二卷缩作"辨异端""观圣贤"等等。两种本子的篇名,用词相对比较规整。当然,也有径取朱子"逐篇纲目"原说命篇的,如清以来最流行的江永集注本即是。

如果说篇目是体系的个体、局部,那么理顺篇目间关系,也就明晰了体系的脉络。历代注家大都会心、用力于此,其中尤以茅星来说得最为佳宜。

茅氏说,《近思录》浓缩了"古圣贤穷理正心修己治人之要"，可"与《大学》一书相发明"。《大学》之要在"三纲领、八条目"："明明德，新民，止于至善"；"格物、致知、诚意、正心、修身、齐家、治国、平天下"。《近思录》"篇目要不外三纲领八条目之间，而子朱子亦往往以《小学》并称，意可见矣"。按照"三纲八目"的规模，茅氏细析各卷旨意，谓首载"道体"一篇，是"就理之本然者而言"，学者"必于此精察明辨，而后于道，知所从入，可以用力以求至焉"，"盖道之体既明，而所以体道者，自愈以详审而精密矣"。"道体"以下诸篇"皆言当然工夫"。始论"为学大要"，以"统领纲领指趣"。其次"格物穷理"，显然与"八条目"中"格物、致知"对应。"存养"，"所以守道心之正"；"省察克治"，"所以遏人心之流"，一以培壅善性根本，一为除却恶欲雾障，一正一反，正是《大学》"诚意、正心、修身功夫"。此三篇性质属于"三纲"之"明明德"，卷六以下"则为《大学》'新民'之事"。"齐家"义自明。身既修，家既齐，然后君子可以出仕"兼济天下"，但或出或处，都必须坚守道德原则，不可进时则退处以"独善其身"，所以于"齐家""治国平天下"间置"去就取舍"一篇。"治体""治法""临政处事之方"，"乃《大学》'治国平天下'之道"，先列大纲，次详条目，继论"居官任职"者"应接事物而处其当是"。若去官退处，则宜教学授道以传薪火，故列"教学"一篇。末三卷，"警戒"篇揭示不能"省察克治"者的"人心疵病"，以示学者深戒；"辨异端"斥释、老、神仙；"观圣贤"确立为学的终及目标：止于至善。

束景南先生《朱子大传》也有类似的分析：

　　全书总分为四部分：第一卷论太极之理的本体论和性论；二至四卷论敬知双修的认识论与修养论；五至八卷论大学之道；九至十四卷杂论儒家之学。概括了四子的政治观、人生观、教育思想、反老佛异端思想等，具体而微地构造出了以实用伦理人生哲学为核心的二程理学体系。

用现代哲学术语"本体论""性论"取代"道体"，"认识论""修养论"取代"为学""致知""存养""克治"，很是匹配，可惜"齐家"以下诸篇一无适当"替身"，仍不得不用"大学之道""杂论儒家之学"凑合，颇有些不类。还是"三纲八目"说更契合《近思录》篇目结构关系的实际，符合"寒泉著述时期"朱熹学术活动和思想的特点。

以《论》《孟》《学》《庸》并举，以四书开示学者，始于二程、张子，但揭示程、张理学特异，结集《四书》并独立一学，则始于朱子。《四书》学是朱子学说中的重镇。钱穆《朱子新学案》说：

　　朱子平日教人，必教其先致力于《四书》，而《五经》转非所急，故曰：《语》《孟》工夫少，得效多；《六经》工夫多，得效少。其为《语孟集注》《学庸章句》，乃竭毕生精力，在生平著述中最所用心。朱子卒，其门人编集《语类》，亦《四书》在先，《五经》在后。《语类》一百四十卷，《四书》部分五十一卷，当全书篇幅三分之一以上；《五经》部分二十九卷，不及《四书》部分篇幅之半。其他《语类》各卷涉及《四书》，亦远胜其涉及

《五经》。亦可谓宋代理学，本重《四书》过于《五经》，及朱子而为之发挥尽致。

又评说道：朱子融会理学于经学，又确定伊洛为上承孔、孟之道统，厥功之伟，端在其定为四子书，而又为之集注与章句，其"退《六经》于《四书》之后，必使学者先《四书》后《六经》，更为中国学术史上有旋乾转坤之大力"。朱子教人学《四书》宜从《大学》始："某要人先读《大学》，以定其规模。"《大学》是修身治人底规模，如人起屋相似，须先打个地盘，地盘既成，则可举而行之矣。"之所以"必由是而学焉"，并非《大学》比《论语》《孟子》《中庸》更重要，只因《大学》开示了圣学"规模"，循之即可准确把握孔、孟道统的精髓、脉络。按今人阐释，"朱熹找到的总结大纲就是《四书》，四部书中的纲领是《大学》"，《大学》是《四书》的"政治哲学纲领"，其要义则是"三纲领八条目"。朱熹在"寒泉著述时期"已经初步构筑起他的《四书》学说体系，而他要编纂的《近思录》又是一部"关于大体而切于日用"的书，因此，用《大学》"三纲八目"来"规模"《近思录》，自然是十分合乎逻辑的。

《四书》是儒学元典《五经》的入门阶梯，《大学》是《四书》的纲领，《近思录》按《大学》"三纲八目"规模来辑次周、程、张四子语录，故而读《近思录》可与《大学》相发明，并循级而上，渐登圣学殿堂。

需要说明的是开卷第一篇"道体"。在"三纲八目"之前论说太极、阴阳、理气、性命，本不合朱熹初衷，但他自有他的道理。朱子晚年回忆当初之事说:"《近思录》首卷难看,某所以与伯恭商量,教他做数语以载于后,正为此也。若只读此,则道理孤单,如顿兵坚城之下,却不如《语》《孟》,只是平铺说去,可以游心。"可见他反对的理由,只是怕"道体"诸说深奥难懂,不宜初学,怕开卷即遇"坚城",反生畏葸之心,不利初学。但吕祖谦的意见也不无道理:"或疑首卷阴阳变化性命之说,大抵非始学者之事。祖谦窃尝与闻次缉之意:后出晚进于义理之本然,虽未容骤语,苟茫然不识其梗概,则亦何所底止?列之篇端,特使之知其名义,有所向望而已。""道体"理论固然难看,但有此开首,却能让学者知"三纲八目"有"本源"可溯,有"天理"可寻;而客观上也使得《近思录》的理学思想体系更为完整:宇宙本体哲学"结顶",伦理政治哲学"奠基"。

从善如流的朱熹最终采纳了吕祖谦的合理建议,只是一再提醒:"看《近思录》,若于第一卷未晓得,且从第二、第三卷看起,久久后看第一卷,则渐晓得。"而东莱先生也强调,《近思录》辑次指意毕竟在"日用躬行之实",倘若学者舍此求彼,"厌卑近而骛高远,躐等凌节,流于空虚,迄无所依据,则岂所谓'近思'者耶?"

四

如果说弄清《近思录》"逐篇纲目"所表示的理学体系的确颇费猜详的话,那么理解书名"近思"与内容主旨特点的联系就容易得多。

"近思"一语出自《论语·子张》:"子夏曰:'博学而笃志,切问而近思,仁在其中矣。'"对"近思"的一般解释是,"近思于己所能及之事","不驰心高远,就其切近者而思之","所谓能近取譬也"等等。说得浅白,就是从自己身旁日用常事出发去思辨。

"近思"是二程为学、教学的一贯主张,《近思录》中有数条与"近思"词义直接相关的语录。一条是伊川对《论语·子张》子夏云"先传后倦"的诠释:"先传后倦,君子教人有序,先传以小者近者,而后教以大者远者,非是先传以近小,而后不教以远大也。"另一条摘自伊川撰《明道先生行状》:"先生教人自致知至于知止,诚意至于平天下,洒扫应对至于穷理尽性,循循有序。病世之学者舍近而趋远,处下而窥高,所以轻自大而卒无得也。"再一条是伊川答弟子问:"或问:'如何是近思?'曰:'以类而推。'"可知二程主张"近思",是自近小始,推及远大的意思,并非囿止于近小之思。朱熹极赞赏程颐对"如何是近思"的回答:"程子说得'推'字极好","以类而推者,如修身之推齐家,齐家推之而治国,亲亲推之而仁民,仁民推之而爱物之类,只是从易晓者推将去,一步又一步,若远去寻,则不切于己。"这样"以类而推",岂不就是《大学》"三纲八目"修身治人的节目序次?二程更认为"近思"有关儒家"仁"学宏旨:"'博学而笃志,切问而近思',何以言'仁在其中矣'?学者要思得之,了此,便是彻上彻下之道。"所以,朱、吕取"近思"作书名,是十分传神的。

然而，朱熹还认为博学、笃志、切问、近思，"此四者皆学问思辨之事，未及乎力行而为仁也"。朱熹自受业李侗，学归程门，便一遵师教，渐改以往在禅学影响下的"有体无用"进学途径，"于日用处一意下工夫"。这个"工夫"，不只是在日用处思辨理会，而且还是在日用处践履力行。惟知行并举，方能渐而进入"体用无间"的洒然融释境地。故书名"近思"，内中实兼合"力行"之事。如其弟子叶采诠解卷五"克治"一篇旨意时，便看得分明："此卷论力行，盖穷理既明，涵养既原，及推于行己之间，尤当尽其克治之力也。"读《近思录》后自会知晓，理学教人修身治人，可不是"光说不练"的"假把式"。

《近思录》因其既具见理学规模，又"皆是日用切近功夫而不可阙者，于学者甚有益"，故历来为读者喜闻乐见。但它毕竟只是引导入门的理学初级读物，若以为读《近思录》即能全知宋代理学，那一定是漏看了朱夫子的"编者说明"：

> 诚得此而玩心焉，亦足以得其门而入矣。如此，然后求诸四君子之全书，沈潜反复，优柔厌饫，以致其博而反诸约焉，则其宗庙之美，百官之富，庶乎其有以尽得之。若惮烦劳，安简便，以为取足于此而可，则非今日所以纂集此书之意也。

岂但不能"浅尝辄止"，就是这部入门之书，也不是能"浅尝"得了的。朱子晚年多次提示门人说《近思录》亦"难看"：

> 今猝乍看这文字也是难。有时前面怎地说，后面又不是

恁地。这里说得如此，那里又却不如此。仔细看来看去，却自中间有个路陌推寻。通得四五十条后，又却只是一个道理。

这样的犯难，大凡语录体书皆所不免。朱熹于《程氏遗书后序》中说：

> 尝窃闻之，伊川先生无恙时，门人尹惇得朱光庭所抄先生语，奉而质诸先生。先生曰：某在，何必读此书，若不得某之心，所记者徒彼意耳。尹公自是不敢复读。

又《语类》廖谦录甲寅所闻一条曰：

> 语录是杂载，只如闲说一件话，偶然引上经史上，便把来编了。明日人又随上面去看。直是有学力，方能分晓。

所以读《近思录》当如钱穆先生所体验的那样：

> 《近思录》所收各条，有当会通观，有可分别观，有当放宽看，只看其理所在，有当切近看，针对自己病痛用功，所以其事若易而实难。

或依朱子晚年之教，先粗识得《四书》，再看《近思录》，即所谓自《四书》下观二程，也不失为一条读《近思录》的便宜之途。

因其"若易而实难",故《近思录》历代传本都有注家诠释,宋、元、明、清,屈指数来,也有十数家之多。披沙沥金,去绌存优,能各见其长而为学者接受的,也就宋叶采注本和清茅星来、江永、张伯行三家集注本。

叶采本最早出,自称为注此书"朝删暮辑,逾三十年","其诸纲要,悉本朱子旧注,参以升堂纪闻,乃诸儒辨论,择其精纯,刊除繁复,以次编入,有阙略者,乃出臆说"。叶采本成于宋淳祐间,大行于元明两代。这种"至尊"地位后来虽然不再,却仍不失其独特的价值,因为它毕竟是最接近和亲近朱熹的人的注本。

清康熙间归安诸生茅星来注《近思录》,前文已多次称引,茅氏阐发纲要节目,似于为理处大擅胜场,然而其书实以考据见长。在版本上,他"购取四先生全书及宋元来《近思录》本,为之校正其异同得失"。校勘上,"其先后次第,悉仍其旧,旧本舛错,仿朱氏《论》《孟》重出错简之例,注明其下,不敢擅自更易"。其注,"会萃众说,参以愚见,支分节解,不留疑窦","于名物训诂,考证尤详"。"又仿朱氏《论》《孟》附《史记》世家、列传例,取《伊洛渊源录》中四先生事状,删其繁复,为之注释,以附简端"。如此等等,真算得是考据家整理文献的正统家法。然其得在详繁,必失在不能精简,以今人初读《近思录》者的国学水平,恐怕也会有"顿兵坚城下"的不宜。

康熙儒学名臣张伯行注,长在阐述义理,十分本色,可借此窥探清代宋学中人的思想理路。张伯行本《四库全书》未收，但被辑入《丛书集成初编》，通常可见。相比较之下，江永集解本优胜处最多。

江永字慎修，江西婺源人。他极推崇乡先贤朱子的学说，自己的学问工夫也很了得，戴震即出其门下。江永集解本的一大优势是用朱子之言解《近思录》。《近思录》问世后，朱熹有许多议论、评说文字散见在各书中，那是理解《近思录》最好的注脚。江永把"凡朱子《文集》《或问》《语类》中其言有相发明者，悉行采入分注"，极便读者参用。优处之二是他剪取诸家注释要而不繁，博采众长，亦间附己意，且详略得当，极宜入门初进。故其书一出，即成为最通行的注本，及至今日，尚无出其右者。

朱子近思录

〔宋〕朱　熹　吕祖谦　撰

引用书目

周子《太极通书》　　　　《明道先生文集》

《伊川先生文集》　　　　《周易程氏传》

《程氏经说》　　　　　　《程氏遗书》

《程氏外书》　　　　　　横渠先生《正蒙》

《横渠先生文集》　　　　《横渠先生易说》

横渠先生《礼乐说》　　　横渠先生《论语说》

横渠先生《孟子说》　　　《横渠先生语录》

朱熹序

淳熙乙未之夏，东莱吕伯恭来自东阳，过予寒泉精舍。留止旬日，相与读周子、程子、张子之书，叹其广大闳博，若无津涯，而惧夫初学者不知所入也。因共掇取其关于大体而切于日用者，以为此编。总六百二十二条，分十四卷。盖凡学者所以求端用力、处己治人，与夫所以辨异端、观圣贤之大略，皆粗见其梗概。以为穷乡晚进有志于学，而无明师良友以先后之者，诚得此而玩心焉，亦足以得其门而入矣。如此，然后求诸四君子之全书，沈潜反复，优柔厌饫，以致其博而反诸约焉，则其宗庙之美，百官之富，庶乎其有以尽得之。若惮烦劳，安简便，以为取足于此而可，则非今日所以纂集此书之意也。五月五日朱熹谨识。

吕祖谦序

　　《近思录》既成，或疑首卷阴阳变化性命之说，大抵非始学者之事。祖谦窃尝与闻次缉之意：后出晚进于义理之本原，虽未容骤语，苟茫然不识其梗概，则亦何所底止？列之篇端，特使之知其名义，有所向望而已。至于余卷所载讲学之方、日用躬行之实，具有科级。循是而进，自卑升高，自近及远，庶几不失纂集之指。若乃厌卑近而骛高远，躐等凌节，流于空虚，迄无所依据，则岂所谓"近思"者耶？览者宜详之。淳熙三年四月四日东莱吕祖谦谨书。

卷之一　凡五十一条

　　濂溪先生曰：无极而太极。太极动而生阳，动极而静；静而生阴，静极复动。一动一静，互为其根；分阴分阳，两仪立焉。阳变阴合，而生水、火、木、金、土；五气顺布，四时行焉。五行，一阴阳也；阴阳，一太极也；太极，本无极也。五行之生也，各一其性。无极之真，二五之精，妙合而凝。"乾道成男，坤道成女"，二气交感，化生万物。万物生生，而变化无穷焉；惟人也，得其秀而最灵。形既生矣，神发知矣，五性感动而善恶分、万事出矣。圣人定之以中正仁义，圣人之道，仁义中正而已矣。而主静，无欲故静。立人极焉。故圣人与天地合其德，日月合其明，四时合其序，鬼神合其吉凶。君子修之吉，小人悖之凶。故曰："立天之道，曰阴与阳；立地之道，曰柔与刚；立人之道，曰仁与义。"又曰："原始反终，故知死生之说。"大哉《易》也，斯其至矣！

　　诚，无为；几，善恶。德：爱曰仁，宜曰义，理曰礼，通曰智，守曰信。性焉、安焉之谓圣，复焉、执焉之谓贤，发微不可见、充周不可穷之谓神。

伊川先生曰：喜怒哀乐之未发，谓之中。中也者，言寂然不动者也，故曰天下之大本。发而皆中节，谓之和。和也者，言感而遂通者也，故曰天下之达道。

心一也，有指体而言者，寂然不动是也。有指用而言者，感而遂通天下之故是也。惟观其所见何如耳。

乾，天也。天者，乾之形体；乾者，天之性情。乾，健也，健而无息之谓乾。夫天，专言之，则道也，天且弗违是也；分而言之，则以形体谓之天，以主宰谓之帝，以功用谓之鬼神，以妙用谓之神，以性情谓之乾。

四德之元，犹五常之仁。偏言则一事，专言则包四者。

天所赋为命，物所受为性。

鬼神者，造化之迹也。

《剥》之为卦，诸阳消剥已尽，独有上九一爻尚存，如硕大之果不见食，将有复生之理。上九亦变则纯阴矣，然阳无可尽之理，变于上则生于下，无间可容息也。圣人发明此理，以见阳与君子之道不可亡也。或曰："剥尽则为纯坤，岂复有阳乎？"曰："以卦配月，则坤当十月。以气消息言，则阳剥为坤，阳来为复，阳未尝尽也。剥尽于上，则复生于下矣。故十月谓之阳月，恐疑其无阳也。阴亦然，圣人不言耳。"

一阳复于下，乃天地生物之心也。先儒皆以静为见天地之心，盖不知动之端乃天地之心也。非知道者，孰能识之？

仁者，天下之公，善之本也。

有感必有应。凡有动皆为感，感则必有应，所应复为感，所感复有应，所以不已也。感通之理，知道者默而观之可也。

天下之理，终而复始，所以恒而不穷。恒非一定之谓也，一定则不能恒矣。惟随时变易，乃常道也。天地常久之道，天下常久之理，非知道者，孰能识之？

"人性本善，有不可革者。何也？"曰："语其性则皆善也，语其才则有下愚之不移。所谓下愚有二焉：自暴也，自弃也。人苟以善自治，则无不可移者，虽昏愚之至，皆可渐磨而进。惟自暴者拒之以不信，自弃者绝之以不为，虽圣人与居，不能化而入也。仲尼之所谓下愚也。然天下自弃自暴者非必皆昏愚也，往往强戾而才力有过人者，商辛是也。圣人以其自绝于善，谓之下愚，然考其归，则诚愚也。""既曰下愚，其能革面，何也？"曰："心虽绝于善道，其畏威而寡罪则与人同也。惟其有与人同，所以知其非性之罪也。"

在物为理，处物为义。

动静无端，阴阳无始，非知道者，孰能识之？

仁者，天下之正理，失正理则无序而不和。

明道先生曰：天地生物，各无不足之理。常思天下君臣、父子、兄弟、夫妇，有多少不尽分处！

"忠信所以进德"，"终日乾乾"；君子当终日对越在天也。盖上天之载，无声无臭，其体则谓之易，其理则谓之道，其用则谓之神，其命于人则谓之性。率性则谓之道，修道则谓之教。孟子去其中又发挥出浩然之气，可谓尽矣。故说神"如在其上，如在其左右"，大小大事而只曰"诚之不可掩如此夫"。彻上彻下，不过如此。形而上为道，形而下为器，须著如此说，器亦道，道亦器，但得道在，不系今与后，己与人。

医书言手足痿痹为不仁，此言最善名状。仁者，以天地万物为一体，莫非己也。认得为己，何所不至？若不有诸己，自不与己相干。如手足不仁，气已不贯，皆不属己。故博施济众，乃圣之功用。仁至难言，故止曰："己欲立而立人，己欲达而达人，能近取譬，可谓仁之方也已。"欲令如是观仁，可以得仁之体。

"生之谓性"，性即气，气即性，生之谓也。人生气禀，理有善恶，然不是性中元有此两物相对而生也。有自幼而善，有自幼而恶，后稷之克岐克嶷，子越椒始生，人知其必灭若敖氏之类。是气禀有然也。善固性也，然恶亦不可不谓之性也。盖"生之谓性""人生而静"以上不容说，才说性时便已不是性也。凡人说性，只是说"继之者善也"，孟子言性善是也。夫所谓"继之者善也"者，犹水流而就下也。皆水也，有流而至海，终无所污，此何烦人力之为也？有流而未远，固已渐浊；有出而甚远，方有所浊。有浊之多者，有浊之少者。清浊虽不同，然不可以浊者不为水也。如此，则人不可以不加澄治之功。故用力敏勇则疾清，用力缓怠则迟清。及其清也，则却只是元初水也，不是将清来换却浊，亦不是取出浊来置在一隅也。水之清，则性善之谓也。故不是善与恶在性中为两物相对，各自出来。此理，天命也。顺而循之，则道也。循此而修之，各得其分，则教也。自天命以至于教，我无加损焉，此舜有天下而不与焉者也。

观天地生物气象。周茂叔看。

万物之生意最可观，此元者善之长也，斯所谓仁也。

满腔子是恻隐之心。

天地万物之理，无独必有对，皆自然而然，非有安排也。每中夜以思，不知手之舞之，足之蹈之也。

中者，天下之大本，天地之间，亭亭当当、直上直下之正理。出则不是，惟敬而无失最尽。

伊川先生曰：公则一，私则万殊。人心不同如面，只是私心。

凡物有本末，不可分本末为两段事。洒扫应对是其然，必有所以然。

杨子拔一毛不为，墨子又摩顶放踵为之，此皆是不得中。至如子莫执中，欲执此二者之中，不知怎么执得。识得则事事物物上，皆天然有个中在那上，不待人安排也，安排着则不中矣。

问："时中如何？"曰："中字最难识，须是默识心通。且试言：一厅则中央为中；一家则厅中非中，而堂为中；言一国，则堂非中，而国之中为中。推此类可见矣。如三过其门不入，在禹、稷之世为中，若居陋巷，则非中也。居陋巷，在颜子之时为中，若三过其门不入，则非中也。"

无妄之谓诚，不欺其次矣。李邦直云："不欺之谓诚。"便以不欺为诚。徐仲车云："不息之谓诚。"《中庸》言"至诚无息"，非以无息解诚也。或以问先生，先生曰云云。

冲漠无朕，万象森然已具，未应不是先，已应不是后。如百尺之木，自根本至枝叶，皆是一贯，不可道上面一段事，无形无兆，却待人旋安排引入来教入涂辙。既是涂辙，却只是一个涂辙。

近取诸身，百理皆具。屈伸往来之义，只于鼻息之间见之。屈伸往来只是理，不必将既屈之气，复为方伸之气。生生之理，自然不息。如《复卦》言"七日来复"，其间元不断续。阳已复生，物极必返，其理须如此。有生便有死，有始便有终。

明道先生曰：天地之间只有一个感与应而已，更有甚事？

问仁，伊川先生曰："此在诸公自思之，将圣贤所言仁处类聚观之，体认出来。孟子曰：'恻隐之心，仁也。'后人遂以爱为仁。爱自是情，仁自是性，岂可专以爱为仁？孟子言：'恻隐之心，仁之端也。'既曰仁之端，则不可便谓之仁。退之言'博爱之谓仁'，非也。仁者固博爱，然便以博爱为仁则不可。"

问："仁与心何异？"曰："心譬如谷种，生之性便是仁，阳气发处乃情也。"

义训宜，礼训别，智训知，仁当何训？说者谓训觉、训人，皆非也。当合孔、孟言仁处，大概研穷之，二三岁得之，未晚也。

性即理也。天下之理，原其所自，未有不善。喜怒哀乐未发，何尝不善？发而中节，则无往而不善。凡言善恶，皆先善而后恶；言吉凶，皆先吉而后凶；言是非，皆先是而后非。《易传》曰："成而后有败，败非先成者也。得而后有失，非得何以有失也？"

问："心有善恶否？"曰："在天为命，在义为理，在人为性，主于身为心，其实一也。心本善，发于思虑则有善有不善。若既发，则可谓之情，不可谓之心。譬如水，只可谓之水；至如流而为派，或行于东，或行于西，却谓之流也。”

性出于天，才出于气。气清则才清，气浊则才浊。才则有善有不善，性则无不善。

性者自然完具，信只是有此者也。故四端不言信。

心，生道也。有是心，斯具是形以生。恻隐之心，人之生道也。

横渠先生曰：气坱然太虚，升降飞扬，未尝止息。此虚实动静之机、阴阳刚柔之始。浮而上者阳之清，降而下者阴之浊。其感遇聚结，为风雨，为霜雪，万品之流形，山川之融结。糟粕煨烬，无非教也。

游气纷扰，合而成质者，生人物之万殊。其阴阳两端，循环不已者，立天地之大义。

天体物不遗，犹仁体事而无不在也。“礼仪三百，威仪三千”，无一物而非仁也。“昊天曰明，及尔出王。昊天曰旦，及尔游衍”，无一物之不体也。

鬼神者，二气之良能也。

物之初生，气日至而滋息；物生既盈，气日反而游散。至之谓神，以其伸也；反之谓鬼，以其归也。

性者，万物之一源，非有我之得私也。惟大人为能尽其道。是故立必俱立，知必周知，爱必兼爱，成不独成。彼自蔽塞而不知顺吾理者，则亦未如之何矣。

一故神。譬之人身，四体皆一物，故触之而无不觉，不待心使至此而后觉也。此所谓“感而遂通”，“不行而至，不疾而速”也。

心,统性情者也。

凡物莫不有是性。由通、蔽、开、塞,所以有人物之别;由蔽有厚薄,故有知愚之别。塞者牢不可开;厚者可以开,而开之也难,薄者开之也易,开则达于天道,与圣人一。

卷之二　凡百十一条

濑溪先生曰：圣希天，贤希圣，士希贤。伊尹、颜渊，大贤也。伊尹耻其君不为尧、舜，一夫不得其所，若挞于市；颜渊不迁怒，不贰过，三月不违仁。志伊尹之所志，学颜子之所学，过则圣，及则贤，不及则亦不失于令名。

圣人之道，入乎耳，存乎心，蕴之为德行，行之为事业。彼以文辞而已者，陋矣。

或问："圣人之门，其徒三千，独称颜子为好学。夫《诗》《书》六艺，三千子非不习而通也，然则颜子所独好者何学也？"伊川先生曰："学以至圣人之道也。""圣人可学而至钦？"曰："然。""学之道如何？"曰："天地储精，得五行之秀者为人。其本也真而静；其未发也，五性具焉，曰仁义礼智信。形既生矣，外物触其形而动其中矣。其中动而七情出焉，曰喜、怒、哀、乐、爱、恶、欲。情既炽而益荡，其性凿矣。是故觉者约其情使合于中，正其心，养其性；愚者则不知制之，纵其情而至于邪僻，梏其性而亡之。然学之道，必先明诸心，知所往，然后力行以求至，所谓自明而诚也。诚之之道，在乎信道笃，信道笃则行之果，行之果则守之固。仁义忠信不离乎心，造次必于是，颠沛必于是，出处语默必于是。久而弗失，则居之安，动容周旋中礼，而邪僻之心无自生矣。故颜子所事，则曰：'非礼勿视，非礼勿听，非礼勿言，非礼勿动。'仲尼称之，则曰：'得一善，则拳拳服膺而弗失之矣。'又曰：'不迁怒，不贰过。有不善未尝不知，知之未尝复行也。'此其好之、笃学之之道也。然圣人则不思而得，不勉而中；颜子则必思而后得，必勉而后中，其与圣人相去一息。所未至者，守之也，非化之也。以其好学之心，假之以年，则不日而化矣。后人不达，以谓圣本生知，非学可至，而为学之道遂失。不求诸己而求诸外，以博闻强记、巧文丽辞为工，荣华其言，鲜有至于道者。则今之好与颜子所好异矣。"

横渠先生问于明道先生曰："定性未能不动，犹累于外物，何如？"明道先生曰："所谓定者，动亦定，静亦定，无将迎，无内外。苟以外物为外，牵己而从之，是以己性为有内外也。且以性为随物于外，则当其在外时，何者为在内？是有意于绝外诱而不知性之无内外也。既以内外为二本，则又乌可遽语定哉？夫天地之常，以其心普万物而无心；圣人之常，以其情顺万事而无情。故君子之学，莫若扩然而大公，物来而顺应。《易》曰：'贞吉，悔亡；憧憧往来，朋从尔思。'苟规规于外诱之除，将见灭于东而生于西也。非惟日之不足，顾其端无穷，不可得而除也。人之情各有所蔽，故不能适道，大率患在于自私而用智。自私则不能以有为为应迹，用智则不能以明觉为自然。今以恶外物之心，而求照无物之地，是反鉴而索照也。

《易》曰：'艮其背，不获其身；行其庭，不见其人。'《孟子》亦曰：'所恶于智者，为其凿也。'与其非外而是内，不若内外之两忘也；两忘则澄然无事矣；无事则定，定则明，明则尚何应物之为累哉？圣人之喜，以物之当喜；圣人之怒，以物之当怒，是圣人之喜怒不系于心而系于物也。是则圣人岂不应于物哉？乌得以从外者为非，而更求在内者为是也？今以自私用智之喜怒，而视圣人喜怒之正为如何哉？夫人之情，易发而难制者，惟怒为甚。第能于怒时，遽忘其怒，而观理之是非，亦可见外诱之不足恶，而于道亦思过半矣。"

伊川先生答朱长文书曰：圣贤之言，不得已也。盖有是言，则是理明；无是言，则天下之理有阙焉。如彼耒耜陶冶之器，一不制则生人之道有不足矣。圣贤之言虽欲已，得乎？然其包涵尽天下之理，亦甚约也。后之人始执卷则以文章为先，平生所为，动多于圣人，然有之无所补，无之靡所阙，乃无用之赘言也。不止赘而已，既不得其要，则离真失正，反害于道必矣。来书所谓欲使后人见其不忘乎善，此乃世人之私心也。夫子"疾没世而名不称"焉者，疾没身无善可称云尔，非谓疾无名也。名者可以厉中人，君子所存，非所汲汲。

内积忠信，所以进德也；择言笃志，所以居业也。知至至之，致知也。求知所至而后至之，知之在先，故可与几，所谓"始条理者知之事也"。知终终之，力行也。既知所终，则力进而终之，守之在后，故可与存义，所谓"终条理者圣之事也"。此学之始终也。

君子主敬以直其内，守义以方其外。敬立而内直，义形而外方。义形于外,非在外也。敬义既立,其德盛矣,不期大而大矣。德不孤也,无所用而不周,无所施而不利,孰为疑乎?

动以天为无妄,动以人欲则妄矣。《无妄》之义大矣哉!虽无邪心,苟不合正理,则妄也,乃邪心也。既已无妄,不宜有往,往则妄也。故《无妄》之《象》曰:"其匪正有眚,不利有攸往。"

人之蕴蓄,由学而大,在多闻前古圣贤之言与行。考迹以观其用,察言以求其心,识而得之,以蓄成其德。

《咸》之《象》曰:"君子以虚受人。"《传》曰:中无私主,则无感不通。以量而容之,择合而受之,非圣人有感必通之道也。其九四曰:"贞吉,悔亡;憧憧往来,朋从尔思。"《传》曰:感者,人之动也,故《咸》皆就人身取象。四当心位而不言"咸其心",感乃心也。感之道无所不通,有所私系则害于感通,所谓悔也。圣人感天下之心,如寒暑雨旸,无不通无不应者,亦贞而已矣。贞者,虚中无我之谓也。若往来憧憧然,用其私心以感物,则思之所及者有能感,而动所不及者不能感也。以有系之私心,既主于一隅一事,岂能廓然无所不通乎?

君子之遇艰阻,必自省于身,有失而致之乎?有所未善则改之,无歉于心则加勉,乃自修其德也。

非明则动无所之,非动则明无所用。

习,重习也。时复思绎,浃洽于中,则说也。以善及人,而信从者众,故可乐也。虽乐于及人,不见是而无闷,乃所谓君子。

古之学者为己,欲得之于己也;今之学者为人,欲见知于人也。

伊川先生谓方道辅曰：圣人之道，坦如大路，学者病不得其门耳，得其门，无远之不到也。求入其门，不由于经乎？今之治经者亦众矣，然而买椟还珠之蔽，人人皆是。经所以载道也，诵其言辞，解其训诂，而不及道，乃无用之糟粕耳。觊足下由经以求道，勉之又勉，异日见卓尔有立于前，然后不知手之舞、足之蹈，不加勉而不能自止矣。

明道先生曰："修辞立其诚"，不可不子细理会。言能修省言辞，便是要立诚。若只是修饰言辞为心，只是为伪也。若修其言辞，正为立己之诚意，乃是体当自家敬以直内、义以方外之实事。道之浩浩，何处下手？惟立诚才有可居之处。有可居之处，则可以修业也。终日乾乾，大小大事，却只是"忠信所以进德"为实下手处，"修辞立其诚"为实修业处。

伊川先生曰：志道恳切，固是诚意。若迫切不中理，则反为不诚。盖实理中自有缓急，不容如是之迫。观天地之化乃可知。

孟子才高，学之无可依据。学者当学颜子，入圣人为近，有用力处。又曰：学者要学得不错，须是学颜子。有准的。

明道先生曰：且省外事，但明乎善，惟进诚心，其文章虽不中，不远矣。所守不约，泛滥无功。

学者识得仁体，实有诸己，只要义理栽培。如求经义，皆栽培之意。

昔受学于周茂叔，每令寻颜子、仲尼乐处，所乐何事。

所见所期不可不远且大，然行之亦须量力有渐。志大心劳,力小任重,恐终败事。

朋友讲习,更莫如相观而善工夫多。

须是大其心使开阔,譬如为九层之台,须大做脚须得。

明道先生曰:自"舜发于畎亩之中"至"孙叔敖举于海",若要熟,也须从这里过。

参也竟以鲁得之。

明道先生以记诵博识为玩物丧志。时以经语录作一册。郑毅云:尝见显道先生云:"某从洛中学时,录古人善行,别作一册,明道先生见之曰,是玩物丧志。"盖言心中不宜容丝发事。

礼乐只在进反之间,便得性情之正。

父子君臣,天下之定理,无所逃于天地之间。安得天分,不有私心,则行一不义,杀一不辜,有所不为。有分毫私便不是王者事。

论性不论气,不备;论气不论性,不明;二之则不是。

论学便要明理,论治便须识体。

曾点、漆雕开已见大意,故圣人与之。

根本须是先培壅,然后可立趋向也。趋向既正,所造浅深则由勉与不勉也。

敬义夹持直上,达天德自此。

懈意一生,便是自弃自暴。

不学便老而衰。

人之学不进,只是不勇。

学者为气所胜,习所夺,只可责志。

内重则可以胜外之轻,得深则可以见诱之小。

董仲舒谓:"正其义,不谋其利;明其道,不计其功。"孙思邈曰:"胆欲大而心欲小,智欲圆而行欲方。"可以为法矣。

大抵学不言而自得者,乃自得也。有安排布置者皆非自得也。

视听、思虑、动作,皆天也,人但于其中,要识得真与妄尔。

明道先生曰:学只要鞭辟近里,著己而已。故"切问而近思",则"仁在其中矣"。"言忠信,行笃敬,虽蛮貊之邦行矣。言不忠信,行不笃敬,虽州里行乎哉?立则见其参于前也,在舆则见其倚于衡也,夫然后行。"只此是学。质美者明得尽,查滓便浑化,却与天地同体。其次惟庄敬持养;及其至,则一也。

"忠信所以进德","修辞立其诚,所以居业"者,乾道也;"敬以直内,义以方外"者,坤道也。

凡人才学便须知著力处,既学便须知得力处。

有人治园圃,役知力甚劳。先生曰:《蛊》之《象》:"君子以振民育德。"君子之事,惟有此二者,余无他焉。二者,为己、为人之道也。

"博学而笃志,切问而近思",何以言"仁在其中矣"?学者要思得之。了此便是彻上彻下之道。

弘而不毅,则难立;毅而不弘,则无以居之。

伊川先生曰:古之学者,优柔厌饫,有先后次序。今之学者,却只做一场话说,务高而已。常爱杜元凯语:"若江海之浸,膏泽之润,涣然冰释,怡然理顺,然后为得也。"今之学者,往往以游、夏为小,不足学。然游、夏一言一事,却总是实。后之学者好高，如人游心于千里之外，然自身却只在此。

修养之所以引年，国祚之所以祈天永命，常人之至于圣贤，皆工夫到这里，则有此应。

忠恕所以公平。造德则自忠恕，其致则公平。

仁之道，要之只消道一公字。公只是仁之理，不可将公便唤做仁。公而以人体之，故为仁。只为公则物我兼照，故仁，所以能恕，所以能爱，恕则仁之施，爱则仁之用也。

今之为学者，如登山麓。方其迤逦，莫不阔步，及到峻处便止。须是要刚决果敢以进。

人谓要力行，亦只是浅近语。人既能知见一切事皆所当为，不必待著意，才著意，便是有个私心。这一点意气，能得几时子？

知之必好之，好之必求之，求之必得之。古人此个学是终身事。果能颠沛造次必于是，岂有不得道理？

古之学者一，今之学者三，异端不与焉。一曰文章之学，二曰训诂之学，三曰儒者之学。欲趋道，舍儒者之学不可。

问：“作文害道否？”曰：“害也。凡为文，不专意则不工，若专意，则志局于此，又安能与天地同其大也？《书》曰：‘玩物丧志。’为文亦玩物也。吕与叔有诗云：‘学如元凯方成癖，文似相如始类俳。独立孔门无一事，只输颜氏得心斋。’古之学者惟务养情性，其他则不学。今为文者，专务章句悦人耳目。既务悦人，非俳优而何？”曰：“古者学为文否？”曰：“人见《六经》，便以谓圣人亦作文，不知圣人亦摅发胸中所蕴，自成文耳。所谓有德者必有言也。”曰：“游、夏称文学，何也？”

曰："游、夏亦何尝秉笔学为词章也？且如观乎天文以察时变，观乎人文以化成天下，此岂词章之文也？"

涵养须用敬，进学则在致知。

莫说道将第一等让与别人，且做第二等。才如此说，便是自弃。虽与不能居仁由义者差等不同，其自小一也。言学便以道为志，言人便以圣为志。

问："'必有事焉'，当用敬否？"曰："敬是涵养一事，'必有事焉'，须用集义。只知用敬，不知集义，却是都无事也。"又问："义莫是中理否？"曰："中理在事，义在心。"

问："敬义何别？"曰："敬只是持己之道，义便知有是有非。顺理而行是为义也。若只守一个敬，不知集义，却是都无事也。且如欲为孝，不成只守着一个孝字。须是知所以为孝之道，所以侍奉当如何，温清当如何，然后能尽孝道也。"

学者须是务实，不要近名方是。有意近名，则为伪也。大本已失，更学何事？为名与为利，清浊虽不同，然其利心则一也。

"回也其心三月不违仁。"只是无纤毫私意，有少私意便是不仁。

"仁者先难而后获。"有为而作，皆先获也。古人惟知为仁而已，今人皆先获也。

有求为圣人之志，然后可与共学；学而善思，然后可与适道；思而有所得，则可与立；立而化之，则可与权。

古之学者为己，其终至于成物；今之学者为物，其终至于丧己。

君子之学必日新。日新者,日进也。不日新者必日退,未有不进而不退者。惟圣人之道无所进退,以其所造者极也。

明道先生曰:性静者可以为学。

弘而不毅则无规矩,毅而不弘则隘陋。

知性善以忠信为本,此先立其大者。

伊川先生曰:人安重则学坚固。

"博学之,审问之,慎思之,明辨之,笃行之。"五者废其一,非学也。

张思叔请问,其论或太高,伊川不答,良久曰:"累高必自下。"

明道先生曰:人之为学,忌先立标准。若循循不已,自有所至矣。

尹彦明见伊川后半年,方得《大学》《西铭》看。

有人说无心,伊川曰:"无心便不是,只当云无私心。"

谢显道见伊川,伊川曰:"近日事如何?"对曰:"天下何思何虑?"伊川曰:"是则是有此理,贤却发得太早。"在伊川直是会锻炼得人,说了又道:"恰好著工夫也。"

谢显道云:昔伯淳教诲,只管著他言语。伯淳曰:"与贤说话,却似扶醉汉,救得一边,倒了一边。"只怕人执着一边。

横渠先生曰:"精义入神",事豫吾内,求利吾外也;"利用安身",素利吾外,致养吾内也;"穷神知化",乃养盛自至,非思勉之能强。故崇德而外,君子未或致知也。

形而后有气质之性,善反之则天地之性存焉。故气质之性,君子有弗性者焉。

德不胜气，性命于气；德胜其气，性命于德。穷理尽性，则性天德，命天理。气之不可变者，独死生修夭而已。

莫非天也，阳明胜则德性用，阴浊胜则物欲行。领恶而全好者，其必由学乎？

大其心则能体天下之物，物有未体，则心为有外。世人之心，止于见闻之狭。圣人尽性，不以见闻梏其心；其视天下，无一物非我。孟子谓尽心则知性知天以此。天大无外，故有外之心，不足以合天心。

仲尼绝四，自始学至成德，竭两端之教也。意有思也，必有待也，固不化也，我有方也。四者有一焉，则与天地为不相似矣。

上达反天理，下达徇人欲者欤！

知崇，天也，形而上也。通昼夜而知，其知崇矣。知及之，而不以礼性之，非己有也。故知礼成性而道义出，如天地位而易行。

困之进人也，为德辨，为感速。孟子谓"人有德慧术智者，常存乎疢疾"以此。

言有教，动有法。昼有为，宵有得。息有养，瞬有存。

横渠先生作《订顽》曰：乾称父，坤称母。予兹藐焉，乃混然中处。故天地之塞，吾其体；天地之帅，吾其性。民吾同胞，物吾与也。大君者，吾父母宗子；其大臣，宗子之家相也。尊高年，所以长其长；慈孤弱，所以幼其幼。圣，其合德；贤，其秀也。凡天下疲癃残疾、惸独鳏寡，皆吾兄弟之颠连而无告者。于时保之，子之翼也；乐且不忧，纯乎孝者也。违曰悖德，害仁曰贼，济恶者不才；其践形，惟肖者也。知化则善述其事，穷神则善继其志。不愧屋漏为无忝，存心养性为匪懈。恶旨酒，崇伯子之顾养；育英材，颖封人之锡类。不弛劳而底豫，舜其功也；无所逃而待烹，申生其恭也。体其受而归全者，参乎！勇于从而顺令者，伯奇也。富贵福泽，将厚吾之生也；贫贱忧戚，庸玉汝于成也。存，吾顺事；没，吾宁也。又作《砭愚》曰：戏言出于思也，戏动作于谋也。发于声，见乎四支，谓非己心，不明也。欲人无己疑，不能也。过言非心也，过动非诚也。失于声，缪迷其四体，谓己当然，自诬也。欲他人己从，诬人也。或者谓出于心者，归咎为己戏；失于思者，自诬为己诚。不知戒其出汝者，归咎其不出汝者。长傲且遂非，不知孰甚焉？

将修己，必先厚重以自持。厚重知学，德乃进而不固矣。忠信进德，惟尚友而急贤。欲胜己者亲，无如改过之不吝。

横渠先生谓范巽之曰："吾辈不及古人，病源何在？"巽之请问。先生曰："此非难悟。设此语者，盖欲学者存意之不忘，庶游心浸熟，有一日脱然如大寐之得醒耳。"

未知立心，恶思多之致疑；既知所立，恶讲治之不精。讲治之思，莫非术内，虽勤而何厌？所以急于可欲者，求立吾心于不疑之地，然后若决江河以利吾往。逊此志，务时敏，厥修乃来。故虽仲尼之才之美，然且敏以求之。今持不逮之资，而欲徐徐以听其自适，非所闻也。

明善为本，固执之乃立，扩充之则大，易视之则小，在人能弘之而已。

今且只将尊德性而道问学为心，日自求于问学者有所背否，于德性有所懈否。此义亦是博文约礼，下学上达。以此警策一年，安得不长？每日须求多少为益。知所亡，改得少不善，此德性上之益；读书求义理，编书须理会有所归著，勿徒写过，又多识前言往行，此问学上益也。勿使有俄顷闲度，逐日似此，三年庶几有进。

为天地立心，为生民立道，为去圣继绝学，为万世开太平。

载所以使学者先学礼者，只为学礼，则便除去了世俗一副当习熟缠绕。譬之延蔓之物，解缠绕即上去。苟能除去了一副当世习，便自然脱洒也。又学礼，则可以守得定。

须放心宽快公平以求之，乃可见道。况德性自广大。《易》曰："穷神知化，德之盛也。"岂浅心可得？

人多以老成则不肯下问，故终身不知。又为人以道义先觉处之，不可复谓有所不知，故亦不肯下问。从不肯问，遂生百端欺妄人，我宁终身不知。

多闻不足以尽天下之故。苟以多闻而待天下之变，则道足以酬其所尝知。若劫之不测，则遂穷矣。

为学大益，在自求变化气质。不尔，皆为人之弊，卒无所发明，不得见圣人之奥。

文要密察，心要洪放。

不知疑者只是不便实作。既实作则须有疑，有不行处是疑也。

心大则百物皆通，心小则百物皆病。

人虽有功，不及于学，心亦不宜忘。心苟不忘，则虽接人事，即是实行，莫非道也。心若忘之，则终身由之，只是俗事。合内外，平物我，此见道之大端。

既学而先有以功业为意者，于学便相害。既有意，必穿凿创意作起事端也。德未成而先以功业为事，是代大匠斫，希不伤手也。

窃尝病孔、孟既没，诸儒嚣然，不知反约穷源，勇于苟作，持不逮之资，而急知后世。明者一览，如见肺肝然，多见其不知量也。方且创艾其弊，默养吾诚。顾所患日力不足，而未果他为也。

学未至而好语变者，必知终有患。盖变不可轻议，若骤然语变，则知操术已不正。

凡事蔽盖不见底，只是不求益。有人不肯言其道义所得所至，不得见底，又非于吾言无所不说。

耳目役于外。揽外事者，其实是自堕，不肯自治，只言短长，不能反躬者也。

学者大不宜志小气轻。志小则易足，易足则无由进；气轻则以未知为已知、未学为已学。

卷之三　凡七十八条

　　伊川先生答朱长文书曰：心通乎道，然后能辨是非，如持权衡以较轻重，孟子所谓知言是也。心不通于道，而较古人之是非，犹不持权衡而酌轻重，竭其目力，劳其心智，虽使时中，亦古人所谓"亿则屡中"，君子不贵也。

　　伊川先生答门人曰：孔、孟之门，岂皆贤哲？固多众人，以众人观圣贤，弗识者多矣，惟其不敢信己而信其师，是故求而后得。今诸君于颐言，才不合则置不复思，所以终异也。不可便放下，更且思之，致知之方也。

　　伊川先生答横渠先生曰：所论大概，有苦心极力之象，而无宽裕温厚之气。非明睿所照，而考索至此，故意屡偏而言多窒，小出入时有之。明所照者，如目所睹，纤微尽识之矣。考索至者，如揣料于物，约见仿佛尔，能无差乎？更愿完养思虑，涵泳义理，他日自当条畅。

　　欲知得与不得，于心气上验之。思虑有得，中心悦豫沛然有裕者，实得也；思虑有得，心气劳耗者，实未得也，强揣度耳。尝有人言："比因学道，思虑心虚。"曰："人之血气，固有虚实。疾病之来，圣贤所不免。然未闻自古圣贤因学而致心疾者。"

今日杂信鬼怪异说者，只是不先烛理。若于事上一一理会，则有甚尽期？须只于学上理会。

学原于思。

所谓"日月至焉"与久而不息者，所见规模虽略相似，其意味气象迥别，须潜心默识，玩索久之，庶几自得。学者不学圣人则已，欲学之须熟玩味圣人之气象，不可只于名上理会，如此只是讲论文字。

问："忠信进德之事，固可勉强，然致知甚难。"伊川先生曰："学者固当勉强，然须是知了方行得。若不知，只是觑却尧，学他行事，无尧许多聪明睿智，怎生得如他动容周旋中礼？如子所言，是笃信而固守之，非固有之也。未致知，便欲诚意，是躐等也。勉强行者，安能持久？除非烛理明，自然乐循理。性本善，循理而行，是顺理事，本亦不难，但为人不知，旋安排着，便道难也。知有多少般数，煞有深浅，学者须是真知，才知得是，便泰然行将去也。某年二十时，解释经义，与今无异。然思今日，觉得意味与少时自别。"

凡一物上有一理，须是穷致其理。穷理亦多端，或读书，讲明义理；或论古今人物，别其是非；或应接事物，而处其当，皆穷理也。或问："格物须物物格之，还只格一物而万理皆知？"曰："怎得便会贯通？若只格一物便通众理，虽颜子亦不敢如此道。须是今日格一件，明日又格一件，积习既多，然后脱然自有贯通处。"

"思曰睿。"思虑久后,睿自然生。若于一事上思未得,且别换一事思之,不可专守着这一事。盖人之知识,于这里蔽着,虽强思亦不通也。

问:"人有志于学,然知识蔽固,力量不至,则如之何?"曰:"只是致知。若智识明,则力量自进。"

问:"观物察己,还因见物反求诸身否?"曰:"不必如此说。物我一理,才明彼,即晓此,此合内外之道也。"又问:"致知先求之四端如何?"曰:"求之情性,固是切于身。然一草一木皆有理,须是察。"

"思曰睿","睿作圣"。致思如掘井,初有浑水,久后稍引动得清者出来。人思虑始皆溷浊,久自明快。

问:"如何是近思?"曰:"以类而推。"

学者先要会疑。

横渠先生答范巽之曰:所访物怪神奸,此非难语,顾语未必信耳。孟子所论知性知天,学至于知天,则物所从出,当源源自见。知所从出,则物之当有当无,莫不心谕,亦不待语而后知。诸公所论,但守之不失,不为异端所劫。进进不已,则物怪不须辨,异端不必攻,不逾期年,吾道胜矣。若欲委之无穷,付之以不可知,则学为疑挠,智为物昏,交来无间,卒无以自存而溺于怪妄必矣。

子贡谓:"夫子之言性与天道,不可得而闻。"既言"夫子之言",则是居常语之矣。圣门学者以仁为己任,不以苟知为得,必以了悟为闻,因有是说。

义理之学,亦须深沉方有造,非浅易轻浮之可得也。

学不能推究事理，只是心粗。至如颜子未至于圣人处，犹是心粗。

博学于文者，只要得习坎心亨。盖人经历险阻艰难，然后其心亨通。

义理有疑，则濯去旧见，以来新意。心中有所开，即便札记，不思则还塞之矣。更须得朋友之助，一日间朋友论著，则（编者注："一日间朋友论著则"八字原缺）一日间意思差别，须日日如此讲论，久则自觉进也。

凡致思到说不得处，始复审思明辨，乃为善学也。若告子则到说不得处遂已，更不复求。

伊川先生曰：凡看文字，先须晓其文义，然后可求其意。未有文义不晓而见意者也。

学者要自得。《六经》浩渺，乍来难尽晓。且见得路径后，各自立得一个门庭，归而求之可矣。

凡解文字，但易其心，自见理。理只是人理，甚分明，如一条平坦底道路。《诗》曰："周道如砥，其直如矢。"此之谓也。或曰："圣人之言，恐不可以浅近看他。"曰："圣人之言，自有近处，自有深远处。如近处怎生强要凿教深远得？杨子曰：'圣人之言远如天，贤人之言近如地。'颐与改之曰：'圣人之言，其远如天，其近如地。'"

学者不泥文义者，又全背却远去；理会文义者，又滞泥不通。如子濯孺子为将之事，孟子只取其不背师之意，人须就上面理会事君之道如何也。又如万章问舜完廪浚井事，孟子只答他大意，人须要理会浚井如何出得来，完廪又怎生下得来。

若此之学,徒费心力。

凡观书不可以相类泥其义,不尔,则字字相梗。当观其文势上下之意,如"充实之谓美"与《诗》之美不同。

问:"莹中尝爱《文中子》'或问学《易》,子曰:终日乾乾可也',此语最尽。文王所以圣,亦只是个不已。"先生曰:"凡说经义,如只管节节推上去,可知是尽。夫终日乾乾,未尽得《易》,据此一句,只做得九三使。若谓乾乾是不已,不已又是道,渐渐推去,自然是尽。只是理不如此。"

"'子在川上曰:逝者如斯夫!'言道之体如此,这里须是自见得。"张绎曰:"此便是无穷。"先生曰:"固是道无穷,然怎生一个'无穷'便道了得他。"

今人不会读书。如"诵《诗》三百,授之以政,不达;使于四方,不能专对。虽多,亦奚以为",须是未读《诗》时,不达于政,不能专对;既读《诗》后,便达于政,能专对四方,始是读《诗》。"人而不为《周南》《召南》,其犹正墙面",须是未读《诗》时如面墙,到读了后便不面墙,方是有验。大抵读书只此便是法。如读《论语》,旧时未读是这个人,及读了后来,又只是这个人,便是不曾读也。

凡看文字,如七年、一世、百年之事,皆当思其如何作为,乃有益。

凡解经不同无害,但紧要处不可不同尔。

焞初到,问为学之方。先生曰:"公要知为学须是读书。书不必多看,要知其约,多看而不知其约,书肆耳。颐缘少时读书贪多,如今多忘了。须是将圣人言语玩味,入心记着,然后力去行之，自有所得。"

初学入德之门，无如《大学》，其他莫如《语》《孟》。

学者先须读《论》《孟》。穷得《论》《孟》，自有要约处，以此观他经甚省力。《论》《孟》如丈尺权衡相似，以此去量度事物，自然见得长短轻重。

读《论语》者，但将诸弟子问处便作己问，将圣人答处便作今日耳闻，自然有得。若能于《论》《孟》中深求玩味，将来涵养成甚生气质！

凡看《语》《孟》，且须熟玩味，将圣人之言语切己，不可只作一场话说。人只看得此二书切己，终身尽多也。

《论语》有读了后全无事者，有读了后其中得一两句喜者，有读了后知好之者，有读了后不知手之舞之、足之蹈之者。

学者当以《论语》《孟子》为本。《论语》《孟子》既治，则《六经》可不治而明矣。读书者当观圣人所以作经之意，与圣人所以用心，与圣人所以至圣人，而吾之所以未至者，所以未得者。句句而求之，昼诵而味之，中夜而思之，平其心，易其气，阙其疑，则圣人之意见矣。

读《论语》《孟子》而不知道，所谓"虽多，亦奚以为"。

《论语》《孟子》只剩读著便自意足，学者须是玩味，若以语言解著，意便不足。某始作此二书文字，既而思之又似剩。只有些先儒错会处，却待与整理过。

问："且将《语》《孟》紧要处看如何？"伊川曰："固是好，然若有得，终不浃洽。盖吾道非如释氏，一见了便从空寂去。"

"兴于《诗》"者，吟咏性情，涵畅道德之中而歆动之，有"吾与点"之气象。又曰："兴于《诗》"，是兴起人善意，汪洋浩大，皆是此意。

谢显道云：明道先生善言《诗》。他又浑不曾章解句释，但优游玩味，吟哦上下，便使人有得处。"瞻彼日月，悠悠我思。道之云远，曷云能来？"思之切矣。终曰："百尔君子，不知德行。不忮不求，何用不臧？"归于正也。又云：伯淳常谈《诗》，并不下一字训诂，有时只转却一两字，点掇地念过，便教人省悟。又曰：古人所以贵亲炙之也。

明道先生曰：学者不可以不看《诗》，看《诗》便使人长一格价。

"不以文害辞。"文，文字之文，举一字则是文，成句是辞。《诗》为解一字不行，却迁就他说，如"有周不显"，自是作文当如此。

看《书》须要见二帝三王之道。如二《典》，即求尧所以治民、舜所以事君。

《中庸》之书，是孔门传授，成于子思、孟子。其书虽是杂记，更不分精粗，一衮说了。今人语道，多说高便遗却卑，说本便遗却末。

伊川先生《易传序》曰：易，变易也，随时变易以从道也。其为书也，广大悉备，将以顺性命之理，通幽明之故，尽事物之情，而示开物成务之道也。圣人之忧患后世，可谓至矣。去古虽远，遗经尚存。然而前儒失意以传言，后学诵言而忘味，自秦而下，盖无传矣。予生千载之后，悼斯文之湮晦，将俾后人沿流而求源，此《传》所以作也。《易》有圣人之道四焉：以言者尚其辞,以动者尚其变,以制器者尚其象,以卜筮者尚其占。吉凶消长之理、进退存亡之道备于辞。推辞考卦,可以知变,象与占在其中矣。"君子居则观其象而玩其辞,动则观其变而玩其占。"得于辞,不达其意者有矣,未有不得于辞而能通其意者也。至微者理也,至著者象也,体用一源,显微无间。观会通以行其典礼,则辞无所不备。故善学者求言必自近,易于近者,非知言者也。予所传者辞也,由辞以得意,则在乎人焉。

伊川先生答张闳中书曰:《易传》未传,自量精力未衰,尚觊有少进尔。来书云:"易之义本起于数。"则非也。有理而后有象,有象而后有数。《易》因象以明理,由象以知数。得其义,则象数在其中矣。必欲穷象之隐微,尽数之毫忽,乃寻流逐末,术家之所尚,非儒者之所务也。

知时识势,学《易》之大方也。

《大畜》初二,乾体刚健而不足以进,四五阴柔而能止。时之盛衰,势之强弱,学易者所宜深识也。

诸卦二五,虽不当位,多以中为美;三四虽当位,或以不中为过。中常重于正也。盖中则不违于正,正不必中也。天下之理莫善于中,于九二、六五可见。

问:"胡先生解九四作太子,恐不是卦义。"先生云:"亦不妨,只看如何用,当储贰则做储贰使。九四近君,便作储贰亦不害。但不要拘一,若执一事,则三百八十四爻只作得三百八十四件事便休了。"

"看《易》且要知时。凡六爻,人人有用:圣人自有圣人用,贤人自有贤人用,众人自有众人用,学者自有学者用,君有君用，臣有臣用，无所不通。"因问："《坤卦》是臣之事，人君有用处否？"先生曰："是何无用？如厚德载物，人君安可不用？"

《易》中只是言反复往来上下。

作《易》，自天地幽明至于昆虫草木微物，无不合。

今时人看《易》，皆不识得《易》是何物，只就上穿凿。若念得不熟，与就上添一德亦不觉多，就上减一德亦不觉少。譬如不识此兀子，若减一只脚，亦不知是少；若添一只，亦不知是多。若识则自添减不得也。

游定夫问伊川"阴阳不测之谓神"，伊川曰："贤是疑了问，是拣难底问？"

伊川以《易传》示门人曰：只说得七分，后人更须自体究。

伊川先生《春秋传序》曰：天之生民，必有出类之才，起而君长之；治之而争夺息，导之而生养遂，教之而伦理明，然后人道立，天道成，地道平。二帝而上，圣贤世出，随时有作，顺乎风气之宜，不先天以开人，各因时而立政。暨乎三王迭兴，三重既备，子丑寅之建正，忠质文之更尚，人道备矣，天运周矣。圣王既不复作，有天下者，虽欲仿古之迹，亦私意妄为而已。事之缪，秦至以建亥为正；道之悖，汉专以智力持世。岂复知先王之道也？夫子当周之末，以圣人不复作也，顺天应时之治不复有也，于是作《春秋》为百王不易之大法，所谓"考诸三王而不缪，建诸天地而不悖，质诸鬼神而无疑，百世以俟圣人而不惑"者也。先儒之传曰："游、夏不能赞一辞。"辞不待赞也，言不能与于斯耳。斯道也，惟颜子尝闻之矣，"行夏之时，乘殷之辂，服周之冕，乐则《韶》舞"，此其准的也。后世以史视《春秋》，谓褒善贬恶而已，至于经世之大法，则不知也。《春秋》大义数十，其义虽大，炳如日星，乃易见也；惟其微辞隐义，时措从宜者，为难知也。或抑或纵，或与或夺，或进或退，或微或显，而得乎义理之安，文质之中，宽猛之宜，是非之公，乃制事之权衡，揆道之模范也。夫观百物然后识化工之神，聚众材然后知作室之用，于一事一义而欲窥圣人之用心，非上智不能也。故学《春秋》者，必优游涵泳，默识心通，然后能造其微也。后王知《春秋》之义，则虽德非禹、汤，尚可以法三代之治。自秦而下，其学不传。予悼夫圣人之志不明于后世也，故作《传》以明之，俾后之人通其文而求其义，得其意而法其用，则三代可复也。是《传》也，虽未能极圣人之蕴奥，庶几学者得其门而入矣。

《诗》《书》载道之文，《春秋》圣人之用。《诗》《书》如药方，《春秋》如用药治病。圣人之用，全在此书，所谓"不如载之行事深切著明"者也。有重叠言者，如征伐、盟会之类。盖欲成书，势须如此，不可事事各求异义。但一字有异，或上下文异，则义须别。

《五经》之有《春秋》，犹法律之有断例也。律令唯言其法，至于断例，则始见其法之用也。

学《春秋》亦善，一句是一事，是非便见于此，此亦穷理之要。然他经岂不可以穷理？但他经论其义，《春秋》因其行事，是非较著，故穷理为要。尝语学者且先读《论语》《孟子》，更读一经，然后看《春秋》。先识得个义理，方可看《春秋》。《春秋》以何为准？无如《中庸》。欲知《中庸》，无如权。须是时而为中，若以手足胼胝、闭户不出二者之间取中，便不是中。若当手足胼胝，则于此为中；当闭户不出，则于此为中。权之为言，秤锤之义也。何物为权？义也，时也。只是说得到义，义以上更难说，在人自看如何。

《春秋》传为按，经为断。程子又云：某年二十时看《春秋》，黄聱隅问某如何看，某答曰："以传考经之事迹，以经别传之真伪。"

凡读史，不徒要记事迹，须要识其治乱安危兴废存亡之理。且如读《高帝纪》，便须识得汉家四百年终始治乱当如何。是亦学也。

先生每读史到一半，便掩卷思量，料其成败，然后却看。有不合处，又更精思。其间多有幸而成，不幸而败。今人只见成者便以为是，败者便以为非，不知成者煞有不是，败者煞有是底。

读史须见圣贤所存治乱之机，贤人君子出处进退，便是格物。

元祐中，客有见伊川者，几案间无他书，惟印行《唐鉴》一部。先生曰："近方见此书。三代以后，无此议论。"

横渠先生曰：《序卦》不可谓非圣人之蕴。今欲安置一物，犹求审处，况圣人之于《易》？其间虽无极至精义，大概皆有意思。观圣人之书，须遍布细密如是。大匠岂以一斧可知哉？

《天官》之职，须襟怀洪大方看得。盖其规模至大，若不得此心，欲事事上致曲穷究，凑合此心，如是之大，必不能得也。释氏锱铢天地，可谓至大，然不尝为大，则为事不得。若界之一钱，则必乱矣。又曰：《太宰》之职难看，盖无许大心胸包罗，记得此，复忘彼。其混混天下之事，当如捕龙蛇搏虎豹，用心力看方可。其他五官便易看，止一职也。

古人能知《诗》者惟孟子，为其以意逆志也。夫诗人之志至平易，不必为艰险求之。今以艰险求《诗》，则已丧其本心，何由见诗人之志？诗人之情性温厚平易老成，本平地上道著言语。今须以崎岖求之，先其心已狭隘了，则无由见得。诗人之情本乐易，只为时事拂着他乐易之性，故以诗道其志。

《尚书》难看，盖难得胸臆如此之大。只欲解义，则无难也。

读书少，则无由考校得义精。盖书以维持此心，一时放下，则一时德性有懈。读书则此心常在，不读书则终看义理不见。

书须成诵。精思多在夜中，或静坐得之。不记则思不起，但通贯得大原后，书亦易记。所以观书者释己之疑，明己之未达，每见每知新益，则学进矣。于不疑处有疑，方是进矣。

《六经》须循环理会，义理尽无穷。待自家长得一格，则又见得别。

如《中庸》文字辈，直须句句理会过，使其言互相发明。

《春秋》之书，在古无有，乃仲尼所自作，惟孟子能知之。非理明义精，殆未可学。先儒未及此而治之，故其说多凿。

卷之四　凡七十条

或问:"圣可学乎?"濂溪先生曰:"可。""有要乎?"曰:"有。"请问焉。曰:"一为要。一者无欲也,无欲则静虚动直。静虚则明,明则通;动直则公,公则溥。明通公溥,庶矣乎。"

伊川先生曰:阳始生甚微,安静而后能长。故《复》之《象》曰:"先王以至日闭关。"

动息节宣,以养生也;饮食衣服,以养形也;威仪行义,以养德也;推己及物,以养人也。

"慎言语"以养其德,"节饮食"以养其体。事之至近而所系至大者,莫过于言语饮食也。

"震惊百里,不丧匕鬯。"临大震惧,能安而不自失者,惟诚敬而已,此处震之道也。

人之所以不能安其止者,动于欲也。欲牵于前而求其止,不可得也。故艮之道当"艮其背",所见者在前,而背乃背之,是所不见也。止于所不见,则无欲以乱其心,而止乃安。"不获其身",不见其身也,谓忘我也。无我则止矣。不能无我,无可止之道。"行其庭,不见其人。"庭除之间至近也,在背则虽至近不见,谓不交于物也。外物不接,内欲不萌,如是而止,乃得止之道,于止为无咎也。

明道先生曰:若不能存养,只是说话。

圣贤千言万语,只是欲人将己放之心,约之使反复入身来,自能寻向上去,下学而上达也。

李吁问:"每常遇事,即能知操存之意。无事时如何存养得熟?"曰:"古之人耳之于乐,目之于礼,左右起居,盘盂几杖,有铭有戒,动息皆有所养。今皆废此,独有理义之养心耳。但存此涵养意,久则自熟矣。'敬以直内'是涵养意。"

吕与叔尝言患思虑多,不能驱除。曰:"此正如破屋中御寇,东面一人来未逐得,西面又一人至矣。左右前后,驱逐不暇。盖其四面空疏,盗固易入,无缘作得主定。又如虚器入水,水自然入。若以一器实之以水,置之水中,水何能入来?盖中有主则实,实则外患不能入,自然无事。"

邢和叔言:吾曹常须爱养精力,精力稍不足则倦,所临事皆勉强而无诚意。接宾客语言尚可见,况临大事乎?

明道先生曰:学者全体此心。学虽未尽,若事物之来,不可不应。但随分限应之,虽不中不远矣。

"居处恭,执事敬,与人忠",此是彻上彻下语。圣人元无二语。

伊川先生曰:学者须敬守此心,不可急迫,当栽培深厚,涵泳于其间,然后可以自得。但急迫求之,只是私己,终不足以达道。

明道先生曰:"思无邪","毋不敬",只此二句,循而行之,安得有差？有差者，皆由不敬不正也。

今学者敬而不自得，又不安者，只是心生，亦是太以敬来做事得重，此"恭而无礼则劳"也。恭者，私为恭之恭也。礼者，非体之礼，是自然底道理也。只恭而不为自然底道理，故不自在也，须是恭而安。今容貌必端，言语必正者，非是道独善其身，要人道如何，只是天理合如此，本无私意，只是个循理而已。

今志于义理而心不安乐者何也？此则正是剩一个助之长。虽则心操之则存，舍之则亡，然而持之太甚，便是"必有事焉"而正之也。亦须且恁去，如此者只是德孤。"德不孤，必有邻"，到德盛后，自无窒碍，左右逢其原也。

敬而无失，便是"喜怒哀乐未发谓之中"。敬不可谓中，但敬而无失，即所以中也。

司马子微尝作《坐忘论》，是所谓坐驰也。

伯淳昔在长安仓中闲坐，见长廊柱，以意数之，已尚不疑。再数之，不合，不免令人一一声言数之，乃与初数者无差。则知越著心把捉越不定。

人心作主不定，正如一个翻车，流转动摇，无须臾停，所感万端。若不做一个主，怎生奈何？张天祺昔尝言："自约数年，自上著床，便不得思量事。"不思量事后，须强把他这心来制缚，亦须寄寓在一个形象，皆非自然。君实自谓："吾得术矣，只管念个中字。"此又为中所系缚，且中亦何形象？有人胸中常若有两人焉，欲为善，如有恶以为之间；欲为不善，又若有羞恶之心者。本无二人，此正交战之验也。持其志，使气不能乱,此大可验。要之圣贤必不害心疾。

明道先生曰:某写字时甚敬,非是要字好,只此是学。

伊川先生曰:圣人不记事,所以常记得。今人忘事,以其记事。不能记事,处事不精,皆出于养之不完固。

明道先生在澶州日,修桥,少一长梁,曾博求之民间。后因出入,见林木之佳者,必起计度之心。因语以戒学者:"心不可有一事。"

伊川先生曰:入道莫如敬。未有能致知而不在敬者。今人主心不定,视心如寇贼而不可制,不是事累心,乃是心累事。当知天下无一物是合少得者,不可恶也。

人只有一个天理,却不能存得,更做甚人也?

人多思虑,不能自宁,只是做他心主不定。要作得心主定,惟是止于事,"为人君止于仁"之类。如舜之诛四凶,四凶已作恶,舜从而诛之,舜何与焉?人不止于事,只是揽他事,不能使物各付物。物各付物,则是役物;为物所役,则是役于物。有物必有则,须是止于事。

不能动人,只是诚不至。于事厌倦,皆是无诚处。

静后见万物自然皆有春意。

孔子言仁,只说"出门如见大宾,使民如承大祭"。看其气象,便须心广体胖,动容周旋中礼自然,惟慎独便是守之之法。圣人修己以敬,以安百姓,笃恭而天下平。惟上下一于恭敬,则天地自位,万物自育,气无不和,四灵何有不至?此体信达顺之道,聪明睿智皆由是出,以此事天飨帝。

存养熟后,泰然行将去,便有进。

不愧屋漏，则心安而体舒。

心要在腔子里。

只外面有些隙罅，便走了。

人心常要活，则周流无穷，而不滞于一隅。

明道先生曰："天地设位，而易行乎其中"，只是敬也。敬则无间断。

"毋不敬"，可以对越上帝。

敬胜百邪。

"敬以直内，义以方外"，仁也。若以敬直内，则便不直矣。"必有事焉，而勿正"，则直也。

涵养吾一。

"子在川上曰：'逝者如斯夫！不舍昼夜。'"自汉以来，儒者皆不识此义。此见圣人之心纯亦不已也。纯亦不已，天德也。有天德便可语王道，其要只在慎独。

"不有躬，无攸利"。不立己，后虽向好事，犹为化物，不得以天下万物挠己。己立后，自能了当得天下万物。

伊川先生曰：学者患心虑纷乱，不能宁静，此则天下公病。学者只要立个心，此上头尽有商量。

闲邪则诚自存，不是外面捉一个诚将来存著。今人外面役役于不善，于不善中寻个善来存著，如此则岂有入善之理？只是闲邪则诚自存。故孟子言性善皆由内出，只为诚便存。闲邪更著甚工夫？但惟是动容貌，整思虑，则自然生敬，敬只是主一也。主一则既不之东，又不之西，如是则只是中；既不之此，又不之彼，如是则只是内。存此则自然天理明。学者须是将"敬以直内"涵养此意，直内是本。尹彦明曰：敬有甚形影？只收敛身心便是主一。且如人到神祠中致敬时，其心收敛，更著不得毫发事，非主一而何？

　　闲邪则固一矣，然主一则不消言闲邪。有以一为难见，不可下工夫，如何？一者无他，只是整齐严肃，则心便一。一则自是无非僻之干。此意但涵养久之，则天理自然明。

　　有言："未感时，知何所寓？"曰："'操则存，舍则亡，出入无时，莫知其乡'，更怎生寻所寓？只是有操而已。操之之道，敬以直内也。"

　　敬则自虚静，不可把虚静唤做敬。

　　学者先务，固在心志。然有谓欲屏去闻见知思，则是"绝圣弃智"。有欲屏去思虑，患其纷乱，则须坐禅入定。如明鉴在此，万物毕照，是鉴之常，难为使之不照。人心不能不交感万物，难为使之不思虑。若欲免此，惟是心有主。如何为主？敬而已矣。有主则虚，虚谓邪不能入；无主则实，实谓物来夺之。大凡人心不可二用，用于一事，则他事更不能入者，事为之主也。事为之主，尚无思虑纷扰之患，若主于敬，又焉有此患乎？所谓敬者，主一之谓敬；所谓一者，无适之谓一。且欲涵泳主一之义，不一则二三矣。至于不敢欺，不敢慢，尚不愧于屋漏，皆是敬之事也。严威俨恪，非敬之道，但致敬须自此入。

　　"舜孳孳为善。"若未接物，如何为善？只是主于敬，便是为善也。以此观之，圣人之道，不是但嘿然无言。

　　问："人之燕居，形体怠惰，心不慢可否？"曰："安有箕踞而心不慢者？昔吕与叔六月中来缑氏，闲居中某尝窥之，必见其俨然危坐，可谓敦笃矣。学者须恭敬，但不可令拘迫，拘迫则难久。”

“思虑虽多，果出于正，亦无害否？”曰：“且如在宗庙则主敬，朝廷主庄，军旅主严，此是也。如发不以时，纷然无度，虽正亦邪。”

苏季明问：“喜怒哀乐未发之前求中，可否？”曰：“不可。既思于喜怒哀乐未发之前求之，又却是思也。既思即是已发，才发便谓之和，不可谓之中也。”又问：“吕学士言当求于喜怒哀乐未发之前，如何？”曰：“若言存养于喜怒哀乐未发之前，则可；若言求中于喜怒哀乐未发之前，则不可。”又问：“学者于喜怒哀乐发时，固当勉强裁抑；于未发之前，当如何用功？”曰：“于喜怒哀乐未发之前，更怎生求？只平日涵养便是。涵养久，则喜怒哀乐发自中节。”曰：“当中之时，耳无闻，目无见否？”曰：“虽耳无闻，目无见，然见闻之理在始得。贤且说静时如何？”曰：“谓之无物则不可，然自有知觉处。”曰：“既有知觉，却是动也，怎生言静？人说‘复其见天地之心’，皆以谓至静能见天地之心，非也。《复》之卦下面一画，便是动也，安得谓之静？”或曰：“莫是于动上求静否？”曰：“固是，然最难。释氏多言定，圣人便言止，如‘为人君止于仁，为人臣止于敬’之类是也。《易》之《艮》言止之义曰：‘艮其止，止其所也。’人多不能止，盖人万物皆备，遇事时各因其心之所重者更互而出，才见得这事重，便有这事出。若能物各付物，便自不出来也。”或曰：“先生于喜怒哀乐未发之前，下动字，下静字？”

曰："谓之静则可,然静中须有物始得,这里便是难处。学者莫若且先理会得敬,能敬则知此矣。"或曰："敬何以用功?"曰："莫若主一。"季明曰："昞尝患思虑不定,或思一事未了,他事如麻又生,如何?"曰："不可,此不诚之本也。须是习,习能专一时便好。不拘思虑与应事,皆要求一。"

人于梦寐间亦可以卜自家所学之浅深。如梦寐颠倒,即是心志不定、操存不固。

问："人心所系著之事果善,夜梦见之,莫不害否?"曰："虽是善事,心亦是动。凡事有朕兆入梦者却无害,舍此皆是妄动。人心须要定,使他思时方思乃是。今人都由心。"曰："心谁使之?"曰："以心使心则可。人心自由,便放去也。"

"持其志,无暴其气",内外交相养也。

问："'出辞气',莫是于言语上用工夫否?"曰："须是养乎中,自然言语顺理。若是慎言语,不妄发,此却可著力。"

先生谓绎曰："吾受气甚薄,三十而浸盛,四十、五十而后完。今生七十二年矣,校其筋骨,于盛年无损也。"绎曰："先生岂以受气之薄,而厚为保生邪?"夫子默然,曰："吾以忘生徇欲为深耻。"

大率把捉不定,皆是不仁。

伊川先生曰:致知在所养,养知莫过于"寡欲"二字。

心定者其言重以舒,不定者其言轻以疾。

明道先生曰:人有四百四病,皆不由自家,则是心须教由自家。

谢显道从明道先生于扶沟。明道一日谓之曰："尔辈在此相从，只是学颠言语，故其学心口不相应，盍若行之？"请问焉。曰："且静坐。"伊川每见人静坐，便叹其善学。

横渠先生曰：始学之要，当知"三月不违"与"日月至焉"内外宾主之辨，使心意勉勉循循而不能已，过此几非在我者。

心清时少，乱时常多。其清时视明听聪，四体不待羁束而自然恭谨；其乱时反是。如此何也？盖用心未熟，客虑多而常心少也，习俗之心未去，而实心未完也。人又要得刚，太柔则入于不立。亦有人生无喜怒者，则又要得刚，刚则守得定不回，进道勇敢。载则比他人自是勇处多。

戏谑不惟害事，志亦为气所流。不戏谑亦是持气之一端。

正心之始，当以己心为严师。凡所动作，则知所惧。如此一二年，守得牢固，则自然心正矣。

定，然后始有光明。若常移易不定，何求光明？《易》大抵以艮为止，止乃光明。故《大学》定而至于能虑，人心多则无由光明。

"动静不失其时，其道光明。"学者必时其动静，则其道乃不蔽昧而明白。今人从学之久，不见进长，正以莫识动静，见他人扰扰，非关己事，而所修亦废。由圣学观之，冥冥悠悠，以是终身，谓之光明可乎？

敦笃虚静者，仁之本。不轻妄，则是敦厚也；无所系阂昏塞，则是虚静也。此难以顿悟，苟知之，须久于道实体之，方知其味。夫仁亦在乎熟之而已。

卷之五　凡四十一条

　　濂溪先生曰：君子乾乾不息于诚，然必惩忿窒欲，迁善改过而后至。乾之用其善是，损益之大莫是过，圣人之旨深哉！吉凶悔吝生乎动。噫，吉一而已，动可不慎乎？《通书》。

　　濂溪先生曰：孟子曰："养心莫善于寡欲。"予谓养心不止于寡而存耳。盖寡焉以至于无，无则诚立明通。诚立，贤也；明通，圣也。

　　伊川先生曰：颜渊问克己复礼之目，夫子曰："非礼勿视，非礼勿听，非礼勿言，非礼勿动。"四者身之用也，由乎中而应乎外，制于外所以养其中也。颜渊请事斯语，所以进于圣人。后之学圣人者，宜服膺而勿失也。因箴以自警。《视箴》曰："心兮本虚，应物无迹。操之有要，视为之则。蔽交于前，其中则迁。制之于外，以安其内。克己复礼，久而诚矣。"《听箴》曰："人有秉彝，本乎天性。知诱物化，遂亡其正。卓彼先觉，知止有定。闲邪存诚，非礼勿听。"《言箴》曰："人心之动，因言以宣。发禁躁妄，内斯静专。矧是枢机，兴戎出好。吉凶荣辱，惟其所召。伤易则诞，伤烦则支。己肆物忤，出悖来违。

非法不道, 钦哉训辞。"《动箴》曰:"哲人知几, 诚之于思。志士厉行, 守之于为。顺理则裕, 从欲惟危。造次克念, 战兢自（编者注: 自原作是）持。习与性成, 圣贤同归。"

《复》之初九曰:"不远复, 无祇悔, 元吉。"《传》曰: 阳, 君子之道, 故复为反善之义。初, 复之最先者也, 是不远而复也。失而后有复, 不失则何复之有? 惟失之不远而复, 则不至于悔, 大善而吉也。颜子无形显之过, 夫子谓其庶几, 乃"无祇悔"也。过既未形而改, 何悔之有? 既未能不勉而中, 所欲不逾矩, 是有过也。然其明而刚, 故一有不善, 未尝不知; 既知, 未尝不遽改, 故不至于悔, 乃"不远复"也。学问之道无他也, 惟其知不善则速改, 以从善而已。

《晋》之上九:"晋其角, 维用伐邑, 厉吉, 无咎; 贞吝。"《传》曰: 人之自治, 刚极则守道愈固, 进极则迁善愈速。如上九者, 以之自治, 则虽伤于厉, 而吉且无咎也。严厉非安和之道, 而于自治则有功也。虽自治有功, 然非中和之德, 故于贞正之道为可吝也。

损者, 损过而就中, 损浮末而就本实也。天下之害, 无不由末之胜也。峻宇雕墙, 本于宫室; 酒池肉林, 本于饮食; 淫酷残忍, 本于刑罚; 穷兵黩武, 本于征讨。凡人欲之过者, 皆本于奉养, 其流之远, 则为害矣。先王制其本者, 天理也; 后人流于末者, 人欲也。损之义, 损人欲以复天理而已。

夫人心正意诚, 乃能极中正之道, 而充实光辉。若心有所比, 以义之不可而决之, 虽行于外不失其中正之义, 可以无咎, 然于中道未得为光大也。盖人心一有所欲, 则离道矣。故

《夬》之九五曰："苋陆夬夬，中行无咎。"而《象》曰："中行无咎，中未光也。"夫子于此，示人之意深矣。

方说而止，节之义也。

《节》之九二，不正之节也。以刚中正为节，如惩忿窒欲，损过抑有余是也。不正之节，如啬节于用，懦节于行是也。

人而无克伐怨欲，惟仁者能之。有之而能制其情不行焉，斯亦难能也，谓之仁则未可也。此原宪之问，夫子答以知其为难，而不知其为仁。此圣人开示之深也。

明道先生曰：义理与客气常相胜，只看消长分数多少，为君子、小人之别。义理所得渐多，则自然知得客气消散得渐少，消尽者是大贤。

或谓："人莫不知和柔宽缓，然临事则反至于暴厉。"曰："只是志不胜气，气反动其心也。"

人不能袪思虑，只是吝，吝故无浩然之气。

治怒为难，治惧亦难。克己可以治怒，明理可以治惧。

尧夫解"他山之石，可以攻玉"：玉者温润之物，若将两块玉来相磨，必磨不成，须是得他个粗砺底物，方磨得出。譬如君子与小人处，为小人侵陵，则修省畏避，动心忍性，增益预防，如此便道理出来。

目畏尖物，此事不得放过，便与克下。室中率置尖物，须以理胜他，尖必不刺人也，何畏之有？

明道先生曰：责上责下而中自恕己，岂可任职分？

"舍己从人"最为难事。己者我之所有，虽痛舍之，犹惧守己者固而从人者轻也。

九德最好。

饥食渴饮，冬裘夏葛，若致些私吝心在，便是废天职。

猎，自谓今无此好。周茂叔曰："何言之易也？但此心潜隐未发，一日萌动，复如前矣。"后十二年因见，果知未也。

伊川先生曰：大抵人有身，便有自私之理，宜其与道难一。

罪己责躬不可无，然亦不当长留在心胸为悔。

所欲不必沉溺，只有所向便是欲。

明道先生曰：子路亦百世之师。人告之以有过则喜。

"人语言紧急，莫是气不定否？"曰："此亦当习，习到自然缓时，便是气质变也。学至气质变，方是有功。"

问："不迁怒，不贰过，何也？《语录》有怒甲不迁乙之说，是否？"伊川先生曰："是。"曰："若此则甚易，何待颜子而后能？"曰："只被说得粗了，诸君便道易。此莫是最难？须是理会得因何不迁怒，如舜之诛四凶，怒在四凶，舜何与焉？盖因是人有可怒之事而怒之，圣人之心本无怒也。譬如明镜，好物来时便见是好，恶物来时便见是恶，镜何尝有好恶也？世之人固有怒于室而色于市。且如怒一人，对那人说话能无怒色否？有能怒一人而不怒别人者，能忍得如此，已是煞知义理。若圣人因物而未尝有怒，此莫是甚难？君子役物，小人役于物。今见可喜可怒之事，自家著一分陪奉他，此亦劳矣。圣人之心如止水。"

人之视最先，非礼而视，则所谓开目便错了。次听、次言、次动，有先后之序。人能克己则心广体胖，仰不愧，俯不怍，其乐可知。有息则馁矣。

圣人责己感也处多，责人应也处少。

谢子与伊川先生别一年，往见之，伊川曰："相别一年，做得甚工夫？"谢曰："也只去个'矜'字。"曰："何故？"曰："子细检点得来，病痛尽在这里。若按伏得这个罪过，方有向进处。"伊川点头，因语在坐同志者曰："此人为学，切问近思者也。"

思叔诟詈仆夫，伊川曰："何不动心忍性？"思叔惭谢。

见贤便思齐，有为者亦若是；见不贤而内自省，盖莫不在己。

横渠先生曰：湛一，气之本；攻取，气之欲。口腹于饮食，鼻口于臭味，皆攻取之性也。知德者属厌而已，不以嗜欲累其心，不以小害大、末丧本焉尔。

纤恶必除，善斯成性矣；察恶未尽，虽善必粗矣。

恶不仁，故不善未尝不知。徒好仁而不恶不仁，则习不察、行不著。是故徒善未必尽义，徒是未必尽仁，好仁而恶不仁，然后尽仁义之道。

责己者，当知无天下国家皆非之理。故学至于不尤人，学之至也。

有潜心于道，忽忽为他虑引去者，此气也。旧习缠绕，未能脱洒，毕竟无益，但乐于旧习耳。古人欲得朋友与琴瑟简编，常使心在于此。惟圣人知朋友之取益为多，故乐得朋友之来。

矫轻警惰。

"仁之难成久矣！人人失其所好。"盖人人有利欲之心，与学正相背驰；故学者要寡欲。

君子不必避他人之言，以为太柔太弱。至于瞻视亦有节，视有上下，视高则气高，视下则心柔，故视国君者，不离绅带之中。学者先须去其客气；其为人刚行，终不肯进，"堂堂乎张也，难与并为仁矣"。盖目者人之所常用，且心常托之，视之上下。且试之，己之敬傲，必见于视。所以欲下其视者，欲柔其心也。柔其心，则听言敬且信。人之有朋友，不为燕安，所以辅佐其仁。今之朋友，择其善柔以相与，拍肩执袂以为气合，一言不合，怒气相加。朋友之际，欲其相下不倦，故于朋友之间主其敬者，日相亲与，得效最速。仲尼尝曰："吾见其居于位也，与先生并行也，非求益者，欲速成者。"则学者先须温柔，温柔则可以进学。《诗》曰："温温恭人，惟德之基。"盖其所益之多。

世学不讲，男女从幼便骄惰坏了，到长益凶狠。只为未尝为子弟之事，则于其亲己有物我，不肯屈下。病根常在，又随所居而长，至死只依旧。为子弟，则不能安洒扫应对；在朋友，则不能下朋友；有官长，则不能下官长；为宰相，不能下天下之贤。甚则至于徇私意，义理都丧，也只为病根不去，随所居所接而长。人须一事事消了病，则义理常胜。

卷之六　凡二十二条

伊川先生曰：弟子之职，力有余则学文，不修其职而学，非为己之学也。

孟子曰："事亲若曾子可也。"未尝以曾子之孝为有余也。盖子之身，所能为者，皆所当为也。

"干母之蛊，不可贞。"子之于母，当以柔巽辅导之，使得于义，不顺而致败蛊，则子之罪也。从容将顺，岂无道乎？若伸己刚阳之道，遽然矫拂则伤恩，所害大矣，亦安能入乎？在乎屈己下意，巽顺相承，使之身正事治而已。刚阳之臣事柔弱之君，义亦相近。

《蛊》之九三，以阳处刚而不中，刚之过也，故小有悔。然在《巽》体，不为无顺。顺，事亲之本也，又居得正，故无大咎。然有小悔，已非善事亲也。

正伦理，笃恩义，家人之道也。

人之处家，在骨肉父子之间，大率以情胜礼，以恩夺义。惟刚立之人，则能不以私爱失其正理，故《家人卦》，大要以刚为善。

《家人》上九爻辞，谓治家当有威严，而夫子又复戒云，当先严其身也。威严不先行于己，则人怨而不服。

《归妹》九二，守其幽贞，未失夫妇常正之道。世人以媟狎为常，故以贞静为变常，不知乃常久之道也。

世人多慎于择婿，而忽于择妇。其实婿易见，妇难知，所系甚重，岂可忽哉？

人无父母，生日当倍悲痛，更安忍置酒张乐以为乐？若具庆者，可矣。

问："《行状》云：'尽性至命，必本于孝弟。'不识孝弟何以能尽性至命也？"曰："后人便将性命别作一般事说了。性命孝弟，只是一统底事，就孝弟中，便可尽性至命。如洒扫应对，与尽性至命，亦是一统底事，无有本末，无有精粗，却被后来人言性命者，别作一般高远说。故举孝弟，是于人切近者言之。然今时非无孝弟之人，而不能尽性至命者，由之而不知也。"

问："第五伦视其子之疾与兄子之疾不同，自谓之私，如何？"曰："不待安寝与不安寝，只不起与十起，便是私也。父子之爱本是公，才著些心做，便是私也。"又问："视己子与兄子有间否？"曰："圣人立法，曰兄弟之子犹子也，是欲视之犹子也。"又问："天性自有轻重，疑若有间然？"曰："只为今人以私心看了。孔子曰：'父子之道，天性也。'此只就孝上说，故言父子天性，若君臣、兄弟、宾主、朋友之类，亦岂不是天性？只为今人小看却，不推其本所由来故尔。己之子与兄之子，所争几何，是同出于父者也。只为兄弟异形，故以兄弟为手足。人多以异形故，亲己之子异于兄弟之子，甚不是也。"

又问："孔子以公冶长不及南容，故以兄之子妻南容，以己之子妻公冶长，何也？"曰："此亦以己之私心看圣人也。凡人避嫌者，皆内不足也。圣人自至公，何更避嫌？凡嫁女，各量其才而求配，或兄之子不甚美，必择其相称者为之配，己之子美，必择其才美者为之配，岂更避嫌耶？若孔子事，或是年不相若，或时有先后，皆不可知，以孔子为避嫌，则大不是。如避嫌事，贤者且不为，况圣人乎？"

问："孀妇，于理似不可取，如何？"曰："然。凡取以配身也。若取失节者以配身，是己失节也。"又问："或有孤孀贫穷无托者，可再嫁否？"曰："只是后世怕寒饿死，故有是说。然饿死事极小，失节事极大。"

病卧于床，委之庸医，比之不慈不孝。事亲者，亦不可不知医。

程子葬父，使周恭叔主客。客欲酒，恭叔以告，先生曰："勿陷人于恶。"

买乳婢，多不得已。或不能自乳，必使人。然食己子而杀人之子，非道。必不得已，用二乳食三子，足备他虞。或乳母病且死，则不为害，又不为己子杀人之子，但有所费。若不幸致误其子，害孰大焉？

先公太中讳珦，字伯温，前后五得任子，以均诸父子孙，嫁遣孤女，必尽其力，所得俸钱，分赡亲戚之贫者。伯母刘氏寡居，公奉养甚至。其女之夫死，公迎从女兄以归，教养其子，均于子侄。既而女兄之女又寡，公惧女兄之悲思，又取甥女以归，嫁之。时小官禄薄，克己为义，人以为难。公慈恕而刚断，平居与幼贱处，惟恐有伤其意，至于犯义理，则不假也。左右使令之人，无日不察其饥饱寒燠。娶侯氏。侯夫人事舅姑以孝谨称，与先公相待如宾客。先公赖其内助，礼敬尤至。而夫人谦顺自牧，虽小事未尝专，必禀而后行。仁恕宽厚，抚爱诸庶，不异己出，从叔幼姑，夫人存视，常均己子。治家有法，不严而整，不喜笞扑奴婢，视小臧获如儿女，诸子或加呵责，必戒之，曰："贵贱虽殊，人则一也。汝如是大时，能为此事否？"先公凡有所怒，必为之宽解，唯诸儿有过，则不掩也。常曰："子之所以不肖者，由母蔽其过而父不知也。"夫人男子六人，所存惟二，其爱慈可谓至矣，然于教之之道，不少假也。才数岁，行而或踣，家人走前扶抱，恐其惊啼，夫人未尝不呵责曰："汝若安徐，宁至踣乎？"饮食常置之坐侧。常食絮羹，既叱止之，曰："幼求称欲，长当何如？"虽使令辈，不得以恶言骂之。故颐兄弟平生于饮食衣服无所择，不能恶言骂人，非性然也，教之使然也。与人争忿，虽直不右，曰："患其不能屈，不患其不能伸。"及稍长，常使从善师友游，虽居贫，或欲延客，则喜而为之具。夫人七八岁时，诵古诗曰："女子不夜出，夜出秉明烛。"自是日暮则不复出房阁。既长，好文而不为辞章，见世之妇女以文章笔札传于人者，则深以为非。

　　横渠先生尝曰：事亲奉祭，岂可使人为之？

　　舜之事亲有不悦者，为父顽母嚚，不近人情。若中人之性，其爱恶略无害理，姑必顺之。亲之故旧，所喜者，当极力招致，以悦其亲。凡于父母宾客之奉，必极力营办，亦不计家之有无。然为养，又须使不知其勉强劳苦，苟使见其为而不易，则亦不安矣。

《斯干》诗言："兄及弟矣，式相好矣，无相犹矣。"言兄弟宜相好，不要厮学。犹，似也。人情大抵患在施之不见报则辍，故恩不能终。不要相学，已施之而已。

人不为《周南》《召南》，其犹正墙面而立。常深思此言，诚是。不从此行，甚隔著事，向前推不去。盖至亲至近，莫甚于此，故须从此始。

婢仆始至者，本怀勉勉敬心，若到所提掇更谨则加谨，慢则弃其本心，便习以性成。故仕者，入治朝则德日进，入乱朝则德日退，只观在上者有可学无可学尔。

卷之七　凡三十九条

伊川先生曰：贤者在下，岂可自进以求于君？苟自求之，必无能信用之理。古人之所以必待人君致敬尽礼而后往者，非欲自为尊大，盖其尊德乐道之心，不如是，不足与有为也。

君子之需时也，安静自守，志虽有须，而恬然若将终身焉，乃能用常也。虽不进而志动者，不能安其常也。

《比》："吉，原筮，元永贞，无咎。"《传》曰：人相亲比，必有其道，苟非其道，则有悔咎。故必推原占决其可比者而比之，所比得元永贞，则无咎。元，谓有君长之道；永，谓可以常久；贞，谓得正道。上之比下，必有此三者，下之从上，必求此三者，则无咎也。

《履》之初九曰："素履，往无咎。"《传》曰：夫人不能自安于贫贱之素，则其进也，乃贪躁而动，求去乎贫贱耳，非欲有为也。既得其进，骄溢必矣，故往则有咎。贤者则安履其素，其处也乐，其进也将有为也，故得其进则有为而无不善。若欲贵之心与行道之心交战于中，岂能安履其素乎？

大人于否之时，守其正节，不杂乱于小人之群类，身虽否而道之亨也，故曰："大人否亨。"不以道而身亨，乃道否也。

人之所随，得正则远邪，从非则失是，无两从之理。《随》之六二，苟系初，则失五矣，故《象》曰："弗兼与也。"所以戒人从正，当专一也。

君子所贵，世俗所羞；世俗所贵，君子所贱。故曰："贲其趾，舍车而徒。"

《蛊》之上九曰："不事王侯，高尚其事。"《象》曰："不事王侯，志可则也。"《传》曰：士之自高尚，亦非一道：有怀抱道德，不偶于时，而高洁自守者；有知止足之道，退而自保者；有量能度分，安于不求知者；有清介自守，不屑天下之事，独洁其身者。所处虽有得失小大之殊，皆自高尚其事者也。《象》所谓"志可则"者，进退合道者也。

遁者，阴之始长，君子知微，固当深戒。而圣人之意，未便遽已也，故有"与时行""小利贞"之教。圣贤之于天下，虽知道之将废，岂肯坐视其乱而不救，必区区致力于未极之间，强此之衰，艰彼之进，图其暂安。苟得为之，孔、孟之所屑为也，王允、谢安之于汉、晋是也。

《明夷》初九，事未显而处甚艰，非见几之明不能也。如是，则世俗孰不疑怪？然君子不以世俗之见怪而迟疑其行也。若俟众人尽识，则伤已及而不能去矣。

《晋》之初六，在下而始进，岂遽能深见信于上？苟上未见信，则当安中自守，雍容宽裕，无急于求上之信也。苟欲信之心切，非汲汲以失其守，则悻悻以伤于义矣。故曰："晋如摧如，贞吉；罔孚，裕，无咎。"然圣人又恐后之人不达宽裕之义，居位者废职失守以为裕，故特云初六裕则无咎者，始进未受命当职任故也。若有官守，不信于上而失其职，一日不可居也。然事非一概，久速唯时，亦容有为之兆者。

不正而合，未有久而不离者也；合以正道，自无终睽之理。故贤者顺理而安行，智者知几而固守。

君子当困穷之时，既尽其防虑之道而不得免，则命也，当推致其命以遂其志。知命之当然也，则穷塞祸患不以动其心，行吾义而已。苟不知命，则恐惧于险难，陨获于穷厄，所守亡矣，安能遂其为善之志乎？

寒士之妻，弱国之臣，各安其正而已。苟择势而从，则恶之大者，不容于世矣。

《井》之九三，渫治而不见食，乃人有才智而不见用，以不得行为忧恻也。盖刚而不中，故切于施为，异乎"用之则行，舍之则藏"者矣。

《革》之六二，中正则无偏蔽，文明则尽事理，应上则得权势，体顺则无违悖，时可矣，位得矣，才足矣，处革之至善者也。必待上下之信，故巳日乃革之也。如二之才德，当进行其道，则吉而无咎也；不进，则失可为之时，为有咎也。

《鼎之》有实，乃人之有才业也，当慎所趋向。不慎所往，则亦陷于非义。故曰："鼎有实，慎所之也。"

士之处高位，则有拯而无随；在下位，则有当拯，有当随，有拯之不得而后随。

君子思不出其位。位者，所处之分也。万事各有其所，得其所，则止而安。若当行而止，当速而久，或过或不及，皆出其位也,况逾分非据乎?

人之止,难于久终,故节或移于晚,守或失于终,事或废于久,人之所同患也。《艮》之上九,敦厚于终,止道之至善也,故曰:"敦艮,吉。"

《中孚》之初九曰:"虞吉。"《象》曰:"志未变也。"《传》曰:当信之始,志未有所从,而虞度所信,则得其正,是以吉也。志有所从,则是变动,虞之不得其正矣。

贤者惟知义而已,命在其中;中人以下,乃以命处义,如言"求之有道,得之有命,是求无益于得",知命之不可求,故自处以不求。若贤者则求之以道,得之以义,不必言命。

人之于患难,只有一个处置,尽人谋之后,却须泰然处之。有人遇一事,则心心念念不肯舍,毕竟何益? 若不会处置了,放下便是,无义无命也。

门人有居太学而欲归应乡举者,问其故,曰:"蔡人鲜习《戴记》,决科之利也。"先生曰:"汝之是心,已不可入于尧、舜之道矣。夫子贡之高识,曷尝规规于货利哉? 特于丰约之间,不能无留情耳。且贫富有命,彼乃留情于其间,多见其不信道也,故圣人谓之'不受命'。有志于道者,要当去此心,而后可语也。"

人苟有"朝闻道,夕死可矣"之志,则不肯一日安于所不安也;何止一日,须臾不能。如曾子易箦,须要如此乃安。人不能若此者,只为不见实理。实理者,实见得是,实见得非。凡实理得之于心自别,若耳闻口道者,心实不见,若见得,必不肯安于所不安。人之一身,尽有所不肯为,及至他事又不然。

若士者，虽杀之使为穿窬，必不为，其他事未必然。至如执卷者，莫不知说礼义，又如王公大人，皆能言轩冕外物，及其临利害，则不知就义理，却就富贵。如此者，只是说得，不实见。及其蹈水火，则人皆避之，是实见得，须是有"见不善如探汤"之心，则自然别。昔曾经伤于虎者，他人语虎，则虽三尺童子，皆知虎之可畏，终不似曾经伤者，神色慑惧，至诚畏之，是实见得也。得之于心，是谓有德，不待勉强；然学者则须勉强。古人有捐躯陨命者，若不实见得，则乌能如此？须是实见得生不重于义，生不安于死也。故有杀身成仁，只是成就一个是而已。

孟子辨舜、跖之分，只在义利之间。言间者，谓相去不甚远，所争毫末尔。义与利，只是个公与私也。才出义，便以利言也。只那计较，便是为有利害，若无利害，何用计较？利害者，天下之常情也。人皆知趋利而避害，圣人则更不论利害，惟看义当为不当为，便是命在其中也。

大凡儒者，未敢望深造于道，且只得所存正，分别善恶，识廉耻，如此等人多，亦须渐好。

赵景平问："'子罕言利'，所谓利者，何利？"曰："不独财利之利，凡有利心便不可。如作一事，须寻自家稳便处，皆利心也。圣人以义为利，义安处便为利。如释氏之学，皆本于利，故便不是。"

问："邢七久从先生，想都无知识，后来极狼狈。"先生曰："谓之全无知则不可，只是义理不能胜利欲之心，便至如此也。"

谢湜自蜀之京师，过洛而见程子。子曰："尔将何之？"

曰："将试教官。"子弗答。湜曰："何如？"子曰："吾尝买婢，欲试之，其母怒而弗许，曰：'吾女非可试者也。'今尔求为人师而试之，必为此媪笑也。"湜遂不行。

先生在讲筵，不曾请俸。诸公遂牒户部，问不支俸钱。户部索前任历子，先生云："某起自草莱，无前任历子。"旧例：初入京官时用下状出给料钱历。先生不请，其意谓朝廷起我，便当廪人继粟、庖人继肉也。遂令户部自为出券历。又不为妻求封。范纯甫问其故，先生曰："某当时起自草莱，三辞，然后受命，岂有今日乃为妻求封之理。"问："今人陈乞恩例，义当然否？人皆以为本分，不为害。"先生曰："只为而今士大夫道得个乞字惯，却动不动又是乞也。"因问："陈乞封父祖如何？"先生曰："此事体又别。"再三请益，但云："其说甚长，待别时说。"

汉策贤良，犹是人举之，如公孙弘者，犹强起之，乃就对。至如后世贤良，乃自求举尔。若果有曰我心只望廷对，欲直言天下事，则亦可尚已。若志富贵，则得志便骄纵，失志则便放旷与悲愁而已。

伊川先生曰：人多说某不教人习举业，某何尝不教人习举业也。人若不习举业而望及第，却是责天理而不修人事。但举业既可以及第即已，若更去上面尽力求必得之道，是惑也。

问："家贫亲老，应举求仕，不免有得失之累，何修可以免此？"伊川先生曰："此只是志不胜气，若志胜，自无此累。家贫亲老，须用禄仕，然得之不得为有命。"曰："在己固可，为亲奈何？"曰："为己为亲，也只是一事。若不得，其如命何？孔子曰：'不知命，无以为君子。'人苟不知命，见患难必避，遇得丧必动，见利必趋，其何以为君子？"

或谓科举事业夺人之功，是不然。且一月之中，十日为举业，余日足可为学。然人不志此，必志于彼。故科举之事，不患妨功，惟患夺志。

横渠先生曰：世禄之荣，王者所以录有功，尊有德，爱之厚之，示恩遇之不穷也。为人后者，所宜乐职劝功，以服勤事任；长廉远利，以似述世风。而近代公卿子孙，方且下比布衣，工声病，售有司，不知求仕非义，而反羞循理为不能，不知荫袭为荣，而反以虚名为善继，诚何心哉！

不资其力而利其有，则能忘人之势。

人多言安于贫贱，其实只是计穷力屈才短，不能营画耳。若稍动得，恐未肯安之。须是诚知义理之乐于利欲也，乃能。

天下事，大患只是畏人非笑。不养车马，食粗衣恶，居贫贱，皆恐人非笑。不知当生则生，当死则死，今日万钟，明日弃之，今日富贵，明日饥饿亦不恤，惟义所在。

卷之八　凡二十五条

濂溪先生曰：治天下有本，身之谓也；治天下有则，家之谓也。本必端，端本，诚心而已矣；则必善，善则，和亲而已矣。家难而天下易，家亲而天下疏也。家人离，必起于妇人，故《睽》次《家人》，以二女同居，而其志不同行也。尧所以厘降二女于妫汭，舜可禅乎？吾兹试矣。是治天下观于家，治家观身而已矣。身端，心诚之谓也；诚心，复其不善之动而已矣。不善之动，妄也；妄复，则无妄矣；无妄，则诚焉。故《无妄》次《复》，而曰"先王以茂对时，育万物"，深哉！

明道先生尝言于神宗曰：得天理之正，极人伦之至者，尧、舜之道也；用其私心，依仁义之偏者，霸者之事也。王道如砥，本乎人情，出乎礼义，若履大路而行，无复回曲。霸者崎岖反侧于曲迳之中，而卒不可与入尧、舜之道。故诚心而王，则王矣；假之而霸，则霸矣。二者，其道不同，在审其初而已。《易》所谓"差若毫厘，缪以千里"者，其初不可不审也。惟陛下稽先圣之言，察人事之理，知尧、舜之道备于己，反身而诚之，推之以及四海，则万世幸甚。

伊川先生曰：当世之务，所尤先者有三：一曰立志，二曰责任，三曰求贤。今虽纳嘉谋，陈善算，非君志先立，其能听而用之乎？君欲用之，非责任宰辅，其孰承而行之乎？君相协心，非贤者任职，其能施于天下乎？此三者，本也；制于事者，用也。三者之中，复以立志为本。所谓立志者，至诚一心，以道自任，以圣人之训为可必信，先王之治为可必行，不狃滞于近规，不迁惑于众口，必期致天下如三代之世也。

《比》之九五曰："显比；王用三驱，失前禽。"《传》曰：人君比天下之道，当显明其比道而已。如诚意以待物，恕己以及人，发政施仁，使天下蒙其惠泽，是人君亲比天下之道也。如是，天下孰不亲比于上。若乃暴其小仁，违道干誉，欲以求下之比，其道亦已狭矣，其能得天下之比乎？王者显明其比道，天下自然来比。来者抚之，固不煦煦然求比于物。若田之三驱，禽之去者，从而不追，来者则取之也。此王道之大，所以其民皞皞而莫知为之者也。非惟人君比天下之道如此，大率人之相比莫不然。以臣于君言之，竭其忠诚，致其才力，乃显其比君之道也。用之与否，在君而已，不可阿谀逢迎，求其比己也。在朋友亦然，修身诚意以待之，亲己与否，在人而已，不可巧言令色，曲从苟合，以求人之比己也。于乡党、亲戚，于众人，莫不皆然，"三驱，失前禽"之义也。

古之时，公卿大夫而下，位各称其德，终身居之，得其分也；位未称德，则君举而进之，士修其学，学至而君求之，皆非有预于己也。农工商贾，勤其事而所享有限。故皆有定志，而天下之心可一。后世自庶士至于公卿，日志于尊荣，农工商贾，日志于富侈，亿兆之心，交骛于利，天下纷然，如之何其可一也。欲其不乱，难矣！

《泰》之九二曰："包荒，用冯河。"《传》曰：人情安肆，则政舒缓，而法度废弛，庶事无节。治之之道，必有包含荒秽之量，则其施为，宽裕详密，弊革事理，而人安之。若无含弘之度，有忿疾之心，则无深远之虑，有暴扰之患，深弊未去，而近患已生矣，故在包荒也。自古泰治之世，必渐至于衰替，盖由狃习安逸因循而然。自非刚断之君，英烈之辅，不能挺特奋发，以革其弊也，故曰"用冯河"。或疑上云包荒，则是包含宽容，此云用冯河，则是奋发改革，似相反也。不知以含容之量，施刚果之用，乃圣贤之为也。

《观》："盥而不荐，有孚颙若。"《传》曰：君子居上，为天下之表仪，必极其庄敬。如始盥之初，勿使诚意少散。如既荐之后，则天下莫不尽其孚诚，颙然瞻仰之矣。

凡天下至于一国一家，至于万事，所以不和合者，皆由有间也；无间，则合矣。以至天地之生，万物之成，皆合而后能遂；凡未合者，皆为间也。若君臣、父子、亲戚、朋友之间，有离贰怨隙者，盖谗邪间于其间也；去其间隔而合之，则无不和且治矣。《噬嗑》者，治天下之大用也。

《大畜》之六五曰："豶豕之牙，吉。"《传》曰：物有总摄，事有机会，圣人操得其要，则视亿兆之心犹一心。道之斯行，止之则戢，故不劳而治，其用若"豶豕之牙"也。豕，刚躁之物，若强制其牙，则用力劳而不能止；若豶去其势，则牙虽存，而刚躁自止。君子法豶豕之义，知天下之恶不可以力制也，则察其机，持其要，塞绝其本原，故不假刑法严峻，而恶自止也。且如止盗，民有欲心，见利则动，苟不知教，而迫于饥寒，虽刑杀日施，其能胜亿兆利欲之心乎？圣人则知所以止之之道，不尚威刑而修政教，使之有农桑之业，知廉耻之道，虽尝之不窃矣。

《解》："利西南；无所往，其来复吉；有攸往，夙吉。"《传》曰：西南，坤方，坤之体，广大平易。当天下之难方解，人始离艰苦，不可复以烦苛严急治之，当济以宽大简易，乃其宜也。既解其难而安平无事矣，是"无所往"也。则当修复治道，正纪纲，明法度，进复先代明王之治，是"来复"也，谓反正理也。自古圣王救难定乱，其始未暇遽为也，既安定，则为可久可继之治。自汉以下，乱既除，则不复有为，姑随时维持而已，故不能成善治，盖不知"来复"之义也。"有攸往，夙吉"，谓尚有当解之事，则早为之，乃吉也。当解而未尽者，不早去，则将复盛；事之复生者，不早为，则将渐大。故夙则吉也。

夫有物必有则，父止于慈，子止于孝，君止于仁，臣止于敬，万物庶事，莫不各有其所。得其所则安，失其所则悖。圣人所以能使天下顺治，非能为物作则也，惟止之各于其所而已。

兑，说而能贞，是以上顺天理，下应人心，说道之至正至善者也。若夫违道以干百姓之誉者，苟说之道，违道不顺天，干誉非应人，苟取一时之说耳，非君子之正道。君子之道，其说于民，如天地之施，感之于心而说服无斁。

天下之事，不进则退，无一定之理。《济》之终，不进而止矣，无常止也，衰乱至矣；盖其道已穷极也。圣人至此奈何？曰：唯圣人为能通其变于未穷，不使至于极也，尧、舜是也，故有终而无乱。

为民立君，所以养之也。养民之道，在爱其力。民力足则生养遂，生养遂则教化行而风俗美，故为政以民力为重也。春秋凡用民力，必书其所兴作。不时害义，固为罪也，虽时且义，必书，见劳民为重事也。后之人君知此义，则知慎重于用民力矣。然有用民力之大而不书者，为教之意深矣。僖公修泮宫，复閟宫，非不用民力也，然而不书。二者，复古兴废之大事，为国之先务，如是而用民力，乃所当用也。人君知此义，知为政之先后轻重矣。

治身齐家以至平天下者，治之道也。建立治纲，分正百职，顺天时以制事，至于创制立度，尽天下之事者，治之法也。圣人治天下之道，唯此二端而已。

明道先生曰：先王之世，以道治天下，后世只是以法把持天下。

为政须要有纪纲文章，先有司、乡官读法、平价、谨权量，皆不可阙也。人各亲其亲，然后能不独亲其亲。仲弓曰："焉知贤才而举之？"子曰："举尔所知。尔所不知，人其舍诸？"便见仲弓与圣人用心之大小。推此义，则一心可以丧邦，一心可以兴邦，只在公私之间尔。

治道亦有从本而言，亦有从事而言。从本而言，惟从格君心之非，正心以正朝廷，正朝廷以正百官。若从事而言，不救则已，若须救之，必须变，大变则大益，小变则小益。

唐有天下，虽号治平，然亦有夷狄之风。三纲不正，无君臣、父子、夫妇，其原始于太宗也。故其后世子弟皆不可使，君不君，臣不臣，故藩镇不宾，权臣跋扈，陵夷有五代之乱。汉之治过于唐。汉大纲正，唐万目举，本朝大纲正，万目亦未尽举。

教人者，养其善心而恶自消；治民者，导之敬让而争自息。

明道先生曰：必有《关雎》《麟趾》之意，然后可行《周官》之法度。

君仁莫不仁，君义莫不义，天下之治乱，系乎人君仁不仁耳。离是而非则生于其心，必害于其政，岂待乎作之于外哉？昔者，孟子三见齐王而不言事，门人疑之，孟子曰："我先攻其邪心。"心既正，然后天下之事可从而理也。夫政事之失，用人之非，知者能更之，直者能谏之，然非心存焉，则一事之失，救而正之，后之失者，将不胜救矣。格其非心，使无不正，非大人其孰能之。

横渠先生曰：道千乘之国，不及礼乐刑政，而云"节用而爱人，使民以时"。言能如是，则法行，不能如是，则法不徒行，礼乐刑政，亦制数而已耳。

法立而能守，则德可久、业可大。郑声佞人能使为邦者丧其所守，故放远之。

横渠先生答范巽之书曰：朝廷以道学政术为二事，此正自古之可忧者。巽之谓孔、孟可作，将推其所得而施诸天下邪，将以其所不为而强施之于天下欤？大都君相以父母天下为王道，不能推父母之心于百姓，谓之王道可乎？所谓父母之心,非徒见于言,必须视四海之民如己之子。设使四海之内皆为己之子,则讲治之术,必不为秦汉之少恩,必不为五伯之假名。巽之为朝廷言,人不足与适,政不足与间。能使吾君爱天下之人如赤子,则治德必日新,人之进者必良士,帝王之道不必改途而成,学与政不殊心而得矣。

卷之九　凡二十七条

濂溪先生曰：古圣王制礼法，修教化，三纲正，九畴叙，百姓大和，万物咸若，乃作乐以宣八风之气，以平天下之情。故乐声淡而不伤，和而不淫，入其耳，感其心，莫不淡且和焉。淡则欲心平，和则躁心释。优柔平中，德之盛也；天下化中，治之至也。是谓道配天地，古之极也。后世礼法不修，刑政苛紊，纵欲败度，下民困苦。谓古乐不足听也，代变新声，妖淫愁怨，导欲增悲，不能自止。故有贼君弃父，轻生败伦，不可禁者矣。鸣呼！乐者，古以平心，今以助欲；古以宣化，今以长怨。不复古礼，不变今乐，而欲至治者，远哉！《通书》。

明道先生言于朝曰：治天下，以正风俗、得贤才为本。宜先礼命近侍贤儒，及百执事，悉心推访，有德业充备、足为师表者，其次有笃志好学、材良行修者，延聘敦遣，萃于京师，俾朝夕相与讲明正学。其道必本于人伦，明乎物理。其教自小学洒扫应对以往，修其孝悌忠信，周旋礼乐。其所以诱掖激厉、渐摩成就之道，皆有节序，其要在于择善修身，至于化成天下，自乡人而可至于圣人之道。其学行皆中于是者为成德。取材识明达可进于善者,使日受其业。择其学明德尊者,为太学之师,次以分教天下之学。择士入学,县升之州,州宾兴于太学,太学聚而教之,岁论其贤者能者于朝。凡选士之法,皆以性行端洁、居家孝悌、有廉耻、礼逊、通明学业、晓达治道者。

明道先生论十事:一曰师傅,二曰六官,三曰经界,四曰乡党,五曰贡士,六曰兵役,七曰民食,八曰四民,九曰山泽,修虞衡之职。十曰分数。冠、婚、丧、祭、车服、器用等差。其言曰:无古今,无治乱,如生民之理有穷,则圣王之法可改。后世能尽其道则大治,或用其偏则小康,此历代彰灼著明之效也。苟或徒知泥古,而不能施之于今,姑欲徇名而遂废其实,此则陋儒之见,何足以论治道哉?然傥谓今人之情皆以异于古,先王之迹,不可复于今,趣便目前,不务高远,则亦恐非大有为之论,而未足以济当今之极弊也。

伊川先生上疏曰:三代之时,人君必有师、傅、保之官。师,道之教训;傅,傅之德义;保,保其身体。后世作事无本,知求治而不知正君,知规过而不知养德,傅德义之道,固已疏矣,保身体之法,复无闻焉。臣以为,傅德义者,在乎防见闻之非,节嗜好之过;保身体者,在乎适起居之宜,存畏慎之心。今既不设保傅之官,则此责皆在经筵,欲乞皇帝在宫中言动服食,皆使经筵官知之。有翦桐之戏,则随事箴规;违持养之方,则应时谏止。《文集》《遗书》云:某尝进说,欲令人主于一日之中,亲贤士大夫之时多,亲宦官宫人之时少,所以涵养气质,薰陶德性。

伊川先生《看详三学条制》云:旧制,公私试补,盖无虚月。学校礼义相先之地,而月使之争,殊非教养之道。请改试为课，有所未至，则学官召而教之，更不考定高下。制尊贤堂，以延天下道德之士，及置待宾吏师斋，立检察士人行检等法。又云：自元丰后，设利诱之法，增国学解额至五百人，来者奔凑，舍父母之养，忘骨肉之爱，往来道路，旅寓他土，人心日偷，士风日薄。今欲量留一百人，余四百人分在州郡解额窄处，自然士人各安乡土，养其孝爱之心，息其奔趋流浪之志，风俗亦当稍厚。又云：三舍升补之法，皆案文责迹，有司之事，非庠序育材论秀之道。盖朝廷授法，必达乎下。长官守法而不得有为，是以事成于下，而下得以制其上，此后世所以不治也。或曰："长贰得人则善矣。或非其人，不若防闲详密，可循守也。"殊不知先王制法，待人而行，未闻立不得人之法也。苟长贰非人，不知教育之道，徒守虚文密法，果足以成人才乎？

《明道先生行状》云：先生为泽州晋城令，民以事至邑者，必告之以孝悌忠信，入所以事父兄，出所以事长上。度乡村远近，为伍保，使之力役相助，患难相恤，而奸伪无所容。凡孤茕残废者，责之亲戚乡党，使无失所。行旅出于其涂者，疾病皆有所养。诸乡皆有校，暇时亲至，召父老与之语；儿童所读书，亲为正句读；教者不善，则为易置；择子弟之秀者，聚而教之。乡民为社会，为立科条，旌别善恶，使有劝有耻。

《萃》："王假有庙。"《传》曰：群生至众也，而可一其归仰；人心莫知其乡也，而能致其诚敬；鬼神之不可度也，而能致其来格。天下萃合人心总摄众志之道非一，其至大莫过于宗庙，故王者萃天下之道，至于有庙，则萃道之至也。祭祀之报，本于人心，圣人制礼以成其德耳。故豺獭能祭，其性然也。

古者戍役，再期而还。今年春暮行，明年夏代者至，复留备秋，至过十一月而归；又明年中春遣次戍者。每秋与冬初，两番戍者皆在疆圉，乃今之防秋也。

圣人无一事不顺天时，故至日闭关。

韩信多多益办，只是分数明。

伊川先生曰：管辖人亦须有法，徒严不济事。今帅千人，能使千人依时及节得饭吃，只如此者，亦能有几人。尝谓军中夜惊，亚夫坚卧不起，不起善矣，然犹夜惊何也？亦是未尽善。

管摄天下人心，收宗族，厚风俗，使人不忘本，须是明谱系，收世族，立宗子法。一年有一年工夫。

宗子法坏，则人不自知来处，以至流转四方，往往亲未绝，不相识。今且试以一二巨公之家行之，其术要得拘守得，须是且如唐时立庙院，仍不得分割了祖业，使一人主之。

凡人家法，须月为一会以合族。古人有花树韦家宗会法，可取也。每有族人远来，亦一为之。吉凶嫁娶之类，更须相与为礼，使骨肉之意常相通。骨肉日疏者，只为不相见，情不相接尔。

冠婚丧祭，礼之大者，今人都不理会。豺獭皆知报本，今士大夫家多忽此，厚于奉养而薄于先祖，甚不可也。某尝修六礼，大略：家必有庙，庶人立影堂。庙必有主，高祖以上即当祧也。主式见《文集》。又云：今人以影祭，或一髭发不相似，则所祭已是别人，大不便。月朔必荐新，荐后方食。时祭用仲月，止于高祖。旁亲无后者，祭之别位。冬至祭始祖，冬至，阳之始也；始祖，厥初生民之祖也。无主，于庙中正位设二位，合考妣享之。立春祭先祖，立春，生物之始也。先祖，始祖而下，高祖而上，非一人也。亦无主，设两位分享考妣。季秋祭祢，季秋，成物之时也。忌日迁主，祭于正寝。凡事死之礼，当厚于奉生者。人家能存得此等事数件，虽幼者，可使渐知礼义。

卜其宅兆，卜其地之美恶也。地美则其神灵安，其子孙盛。然则曷谓地之美者？土色之光润，草木之茂盛，乃其验也。而拘忌者，惑以择地之方位，决日之吉凶，甚者不以奉先为计，而专以利后为虑，尤非孝子安措之用心也。惟五患者，不得不慎：须使异日不为道路，不为城郭，不为沟池，不为贵势所夺，不为耕犁所及。一本，所谓五患者，沟渠，道路，避村落，远井窑。

正叔云：某家治丧，不用浮图。在洛，亦有一二人家化之。

今无宗子，故朝廷无世臣。若立宗子法，则人知尊祖重本；人既重本，则朝廷之势自尊。古者子弟从父兄，今父兄从子弟，由不知本也。且如汉高祖欲下沛时，只是以帛书与沛父老，其父兄便能率子弟从之。又如相如使蜀，亦移书责父老，然后子弟皆听其命而从之。只有一个尊卑上下之分，然后顺从而不乱也。若无法以联属之，安可？且立宗子法，亦是天理。譬如木，必有从根直上一干，亦必有旁枝。又如水，虽远，必有正源，亦必有分派处，自然之势也。然又有旁枝达而为干者，故曰，古者天子建国，诸侯夺宗云。

邢和叔叙明道先生事云：尧、舜、三代帝王之治，所以博大悠远，上下与天地同流者，先生固已默而识之。至于兴造礼乐，制度文为，下至行师用兵，战阵之法，无所不讲，皆造其极。外之夷狄情状，山川道路之险易，边鄙防戍、城寨斥候，控带之要,靡不究知。其吏事操决,文法簿书,又皆精密详练。若先生,可谓通儒全才矣。

介甫言律是八分书,是他见得。

横渠先生曰:兵谋师律,圣人不得已而用之,其术见三王方策,历代简书。惟志士仁人,为能识其远者大者,素求预备而不敢忽忘。

肉辟,于今世死刑中取之,亦足宽民之死,过此,当念其散之之久。

吕与叔撰《横渠先生行状》云:先生慨然有意三代之治,论治人先务,未始不以经界为急,尝曰:“仁政必自经界始。贫富不均,教养无法,虽欲言治,皆苟而已。世之病难行者,未始不以亟夺富人之田为辞。然兹法之行,悦之者众,苟处之有术,期以数年,不刑一人而可复,所病者特上之未行耳。”乃言曰:“纵不能行之天下,犹可验之一乡。方与学者议古之法,共买田一方,画为数井,上不失公家之赋役,退以其私正经界、分宅里、立敛法、广储蓄、兴学校、成礼俗,救灾恤患,敦本抑末,足以推先王之遗法,明当今之可行。”此皆有志未就。

横渠先生为云岩令,政事大抵以敦本善俗为先。每以月吉,具酒食,召乡人高年会县庭,亲为劝酬,使人知养老事长之义。因问民疾苦,及告所以训戒子弟之意。

横渠先生曰:古者有东宫,有西宫,有南宫,有北宫,异宫而同财。此礼亦可行。古人虑远,目下虽似相疏,其实如此乃能久相亲。盖数十百口之家,自是饮食衣服难为得一。又异宫乃容子得伸其私,所以避子之私也,子不私其父,则不成为子；古之人曲尽人情。必也同宫，有叔父伯父，则为子者何以独厚于其父，为父者又乌得而当之？父子异宫，为命士以上，愈贵则愈严。故异宫犹今世有逐位，非如异居也。

治天下不由井地，终无由得平。周道止是均平。

井田卒归于封建，乃定。

卷之十　凡六十四条

伊川先生上疏曰：夫钟，怒而击之则武，悲而击之则哀，诚意之感而入也。告于人亦如是，古人所以斋戒而告君也。臣前后两得进讲，未尝敢不宿斋预戒，潜思存诚，觊感动于上心。若使营营于职事，纷纷其思虑，待至上前，然后善其辞说，徒以颊舌感人，不亦浅乎？

伊川《答人示奏稿书》云：观公之意，专以畏乱为主，颐欲公以爱民为先，力言百姓饥且死，丐朝廷哀怜，因惧将为寇乱，可也。不惟告君之体当如是，事势亦宜尔。公方求财以活人，祈之以仁爱，则当轻财而重民；惧之以利害，则将恃财以自保。古之时，得丘民则得天下，后世以兵制民，以财聚众，聚财者能守，保民者为迂。惟当以诚意感动，觊其有不忍之心而已。

明道为邑，及民之事，多众人所谓"法所拘"者，然为之未尝大戾于法，众亦不甚骇。谓之得伸其志则不可，求小补，则过今之为政者远矣。人虽异之，不至指为狂也。至谓之狂，则大骇矣。尽诚为之，不容而后去，又何嫌乎？

明道先生曰：一命之士，苟存心于爱物，于人必有所济。

伊川先生曰：君子观天水违行之象，知人情有争讼之道。故凡所作事，必谋其始，绝讼端于事之始，则讼无由生矣。谋始之义广矣，若慎交结、明契券之类是也。

《师》之九二，为师之主。恃专，则失为下之道；不专，则无成功之理，故得中为吉。凡师之道，威和并至则吉也。

世儒有论鲁祀周公以天子礼乐，以为周公能为人臣不能为之功，则可用人臣不得用之礼乐，是不知人臣之道也。夫居周公之位，则为周公之事，由其位而能为者，皆所当为也。周公乃尽其职耳。

《大有》之九三曰："公用亨于天子，小人弗克。"《传》曰：三当大有之时，居诸侯之位，有其富盛，必用亨通于天子，谓以其有为天子之有也，乃人臣之常义也。若小人处之，则专其富有以为私，不知公己奉上之道，故曰"小人弗克"也。

《随》九五之《象》曰："孚于嘉吉，位正中也。"《传》曰：随以得中为善，随之所防者过也。盖心所说随，则不知其过矣。

人心所从，多所亲爱者也。常人之情，爱之则见其是，恶之则见其非。故妻孥之言，虽失而多从；所憎之言，虽善为恶也。苟以亲爱而随之，则是私情所与，岂合正理？故《随》之初九，出门而交，则有功也。

《坎》之六四曰："樽酒、簋贰、用缶，纳约自牖，终无咎。"《传》曰：此言人臣以忠信善道结于君心，必自其所明处，乃能入也。人心有所蔽，有所通，通者，明处也，当就其明处而告之，求信则易也，故曰"纳约自牖"。能如是，则虽艰险之时，终得无咎也。且如君心蔽于荒乐，唯其蔽也故尔，虽力诋其荒乐之非，如其不省何？必于所不蔽之事，推而及之，则能悟其心矣。自古能谏其君者，未有不因其所明者也。故讦直强劲者，率多取忤；而温厚明辨者，其说多行。非唯告于君者如此，为教者亦然。夫教，必就人之所长，所长者，心之所明也。从其心之所明而入，然后推及其余，孟子所谓"成德""达才"是也。

《恒》之初六曰："浚恒，贞凶。"《象》曰："浚恒之凶，始求深也。"《传》曰：初六居下，而四为正应。四以刚居高，又为二三所隔，应初之志，异乎常矣。而初乃求望之深，是知常而不知变也。世之责望故素而至悔咎者，皆浚恒者也。

《遯》之九三曰："系遯，有疾厉；畜臣妾，吉。"《传》曰：系恋之私恩，怀小人女子之道也，故以畜养臣妾则吉。然君子之待小人，亦不如是也。

《睽》之《象》曰："君子以同而异。"《传》曰：圣贤之处世，在人理之常，莫不大同，于世俗所同者，则有时而独异。不能大同者，乱常拂理之人也；不能独异者，随俗习非之人也。要在同而能异耳。

《睽》之初九，当睽之时，虽同德者相与，然小人乖异者至众，若弃绝之，不几尽天下以仇君子乎？如此，则失含弘之义，致凶咎之道也，又安能化不善而使之合乎？故必"见恶人，则无咎"也。古之圣王，所以能化奸凶为善良，革仇敌为臣民者，由弗绝也。

《睽》之九二,当睽之时,君心未合,贤臣在下,竭力尽诚,期使之信合而已。至诚以感动之,尽力以扶持之,明义理以致其知,杜蔽惑以诚其意,如是宛转以求其合也。"遇"非枉道逢迎也,"巷"非邪僻由径也,故《象》曰:"遇主于巷,未失道也。"

《损》之九二曰:"弗损益之。"《传》曰:不自损其刚贞,则能益其上,乃益之也。若失其刚贞而用柔说,适足以损之而已。世之愚者,有虽无邪心,而惟知竭力顺上为忠者,盖不知"弗损益之"之义也。

《益》之初九曰:"利用为大作,元吉,无咎。"《象》曰:"元吉,无咎,下不厚事也。"《传》曰:在下者,本不当处厚事。厚事,重大之事也。以为在上所任,所以当大事,必能济大事,而致元吉,乃为无咎。能致元吉,则在上者任之为知人,己当之为胜任。不然,则上下皆有咎也。

革而无甚益,犹可悔也,况反害乎?古人所以重改作也。

《渐》之九三曰:"利御寇。"《传》曰:君子之与小人比也,自守以正。岂惟君子自完其己而已乎?亦使小人得不陷于非义。是以顺道相保,御止其恶也。

《旅》之初六曰:"旅琐琐,斯其所取灾。"《传》曰:志卑之人,既处旅困,鄙猥琐细,无所不至,乃其所以致悔辱、取灾咎也。

在旅而过刚自高,致困灾之道也。

《兑》之上六曰:"引兑。"《象》曰:"未光也。"《传》曰:说既极矣,又引而长之,虽说之之心不已,而事理已过,实无所说。事之盛，则有光辉，既极而强引之长，其无意味甚矣，岂有光也？

《中孚》之《象》曰："君子以议狱缓死。"《传》曰：君子之于议狱，尽其忠而已；于决死，极于恻而已。天下之事，无所不尽其忠，而议狱缓死，最其大者也。

事有时而当过，所以从宜，然岂可甚过也？如过恭、过哀、过俭，大过则不可；所以小过为顺乎宜也。能顺乎宜，所以大吉。

防小人之道，正己为先。

周公至公不私，进退以道，无利欲之蔽。其处己也，夔夔然存恭畏之心；其存诚也，荡荡焉无顾虑之意。所以虽在危疑之地，而不失其圣也。《诗》曰："公孙硕肤，赤舃几几。"

采察求访，使臣之大务。

明道先生与吴师礼谈介甫之学错处，谓师礼曰：为我尽达诸介甫，我亦未敢自以为是，如有说，愿往复。此天下公理，无彼我。果能明辨，不有益于介甫，则必有益于我。

天祺在司竹，常爱用一卒长，及将代，自见其人盗笋皮，遂治之；无少贷；罪己正，待之复如初，略不介意。其德量如此。

因论"口将言而嗫嚅"云：若合开口时，要他头，也须开口，如荆轲于樊於期。须是"听其言也厉"。

须是就事上学。"蛊"，振民育德，然有所知后，方能如此。何必读书，然后为学？

先生见一学者忙迫，问其故，曰："欲了几处人事。"曰："某非不欲周旋人事者，曷尝似贤急迫。"

安定之门人，往往知稽古爱民矣，则于为政也何有？门人有曰："吾与人居，视其有过而不告，则于心有所不安；告之而人不受，则奈何？"曰："与之处而不告其过，非忠也。要使诚意之交通，在于未言之前，则言出而人信矣。"又曰："责善之道，要使诚有余而言不足，则于人有益，而在我者，无自辱矣。"

职事不可以巧免。

居是邦不非其大夫，此理最好。

克勤小物最难。

欲当大任，须是笃实。

凡为人言者，理胜则事明，气忿则招怫。

居今之时，不安今之法令，非义也。若论为治，不为则已，如复为之，须于今之法度内处得其当，方为合义。若须更改而后为，则何义之有？

今之监司，多不与州县一体，监司专欲伺察，州县专欲掩蔽。不若推诚心与之共治，有所不逮，可教者教之，可督者督之。至于不听，择其甚者去一二，使足以警众可也。

伊川先生曰：人恶多事，或人悯之。世事虽多，尽是人事。人事不教人做，更责谁做？

感慨杀身者易，从容就义者难。

人或劝先生以加礼近贵，先生曰："何不见责以尽礼，而责之以加礼？礼尽则已，岂有加也。"

或问："簿，佐令者也。簿所欲为，令或不从，奈何？"曰："当以诚意动之。今令与簿不和，只是争私意。令是邑之长，若能以事父兄之道事之，过则归己，善则唯恐不归于令，积此诚意,岂有不动得人。"

问:"人于议论,多欲直己,无含容之气,是气不平否?"曰:"固是气不平,亦是量狭。人量随识长,亦有人识高而量不长者,是识实未至也。大凡别事人都强得,惟识量不可强。今人有斗筲之量,有釜斛之量,有钟鼎之量,有江河之量。江河之量亦大矣,然有涯,有涯亦有时而满,惟天地之量则无满。故圣人者,天地之量也。圣人之量,道也;常人之有量者,天资也。天资有量须有限,大抵六尺之躯,力量只如此,虽欲不满,不可得也。如邓艾,位三公,年七十,处得甚好,及因下蜀有功,便动了。谢安闻谢玄破苻坚,对客围棋,报至不喜,及归,折屐齿,强终不得也。更如人大醉后益恭谨者,只益恭便是动了,虽与放肆者不同,其为酒所动一也。又如贵公子,位益高,益卑谦,只卑谦便是动了,虽与骄傲者不同,其为位所动一也。然惟知道者,量自然宏大,不勉强而成。今人有所见卑下者,无他,亦是识量不足也。"

人才有意于为公,便是私心。昔有人典选,其子弟系磨勘,皆不为理,此乃是私心。人多言古时用直,不避嫌得,后世用此不得。自是无人,岂是无时? 因言少师典举、明道荐才事。

君实尝问先生云:"欲除一人给事中,谁可为者?"先生曰:"初若泛论人才却可,今既如此,颐虽有其人,何可言?"君实曰:"出于公口,入于光耳,又何害?"先生终不言。

先生云:韩持国服义,最不可得。一日,颐与持国、范夷叟泛舟于颍昌西湖,须臾,客将云:"有一官员上书谒见大资。"颐将为有甚急切公事,乃是求知己。颐云:"大资居位,却不求人,乃使人倒来求己,是甚道理?"夷叟云:"只为正叔太执,求荐章,常事也。"颐云:"不然,只为曾有不求者不与,来求者与之,遂致人如此。"持国便服。

先生因言:今日供职,只第一件便做他底不得。吏人押申转运司状,颐不曾签。国子监自系台省,台省系朝廷官;外司有事,合行申状,岂有台省倒申外司之理?只为从前人只计较利害,不计较事体,直得恁地。须看圣人欲正名处,见得道名不正时,便至礼乐不兴,是自然住不得。

学者不可不通世务。天下事譬如一家,非我为,则彼为;非甲为,则乙为。

人无远虑,必有近忧,思虑当在事外。

圣人之责人也常缓,便见只欲事正,无显人过恶之意。

伊川先生云:今之守令,唯制民之产一事不得为,其他在法度中甚有可为者,患人不为耳。

明道先生作县,凡坐处,皆书"视民如伤"四字,常曰:"颢常愧此四字。"

伊川每见人论前辈之短,则曰:"汝辈且取他长处。"

刘安礼云:王荆公执政,议法改令,言者攻之甚力。明道先生尝被旨赴中堂议事,荆公方怒言者,厉色待之。先生徐曰:"天下之事非一家私议,愿公平气以听。"荆公为之愧屈。

刘安礼问临民,明道先生曰:"使民各得输其情。"问御吏,曰:"正己以格物。"

横渠先生曰:凡人为上则易,为下则难。然不能为下,亦未能使下,不尽其情伪也。大抵使人,常在其前己尝为之,则能使人。

《坎》"维心亨"，故"行有尚"。外虽积险，苟处之心亨不疑，则虽难必济，而"往有功也"。今水临万仞之山，要下即下，无复凝滞之，在前惟知有义理而已，则复何回避？所以心通。

人所以不能行己者，于其所难者则惰，其异俗者虽易而羞缩。惟心弘，则不顾人之非笑，所趋义理耳，视天下莫能移其道；然为之，人亦未必怪。正以在己者义理不胜惰与羞缩之病，消则有长，不消则病常在，意思龌龊，无由作事。在古气节之士，冒死以有为，于义未必中，然非有志概者莫能，况吾于义理已明，何为不为？

《姤》初六："羸豕孚蹢躅。"豕方羸时，力未能动，然至诚在于蹢躅，得伸则伸矣。如李德裕处置阉宦，徒知其帖息威伏，而忽于志不忘逞，照察少不至，则失其几也。

人教小童，亦可取益。绊己不出入，一益也；授人数数，己亦了此文义，二益也；对之，必正衣冠，尊瞻视，三益也；常以因己而坏人之才为忧，则不敢惰，四益也。

卷之十一　凡二十一条

濂溪先生曰：刚善，为义，为直，为断，为严毅，为干固；恶，为猛，为隘，为强梁。柔善，为慈，为顺，为巽；恶，为懦弱，为无断，为邪佞。惟中也者，和也，中节也，天下之达道也，圣人之事也。故圣人立教，俾人自易其恶，自至其中而止矣。

伊川先生曰：古人生子，能食能言而教之。大学之法，以豫为先。人之幼也，知思未有所主，便当以格言至论日陈于前，虽未晓知，且当薰聒，使盈耳充腹，久自安习若固有之，虽以他言惑之，不能入也。若为之不豫，及乎稍长，私意偏好生于内，众口辩言铄于外，欲其纯完，不可得也。

《观》之上九曰："观其生，君子无咎。"《象》曰："观其生，志未平也。"《传》曰：君子虽不在位，然以人观其德，用为仪法，故当自慎，省观其所生，常不失于君子，则人不失所望而化之矣。不可以不在于位故，安然放意，无所事也。

圣人之道如天然，与众人之识甚殊邈也。门人弟子既亲炙，而后益知其高远。既若不可以及，则趋望之心怠矣，故圣人之教，常俯而就之。事上临丧，不敢不勉，君子之常行。不困于酒,尤其近也。而以己处之者,不独使夫资之下者勉思企及,而才之高者亦不敢易乎近矣。

明道先生曰:忧子弟之轻俊者,只教以经学念书,不得令作文字。子弟凡百玩好皆夺志;至于书札,于儒者事最近,然一向好著,亦自丧志。如王、虞、颜、柳辈,诚为好人则有之,曾见有善书者知道否?平生精力,一用于此,非惟徒废时日,于道便有妨处,足知丧志也。

胡安定在湖州,置治道斋,学者有欲明治道者,讲之于中,如治民、治兵、水利、算数之类。尝言刘彝善治水利,后累为政,皆兴水利有功。

凡立言,欲涵蓄意思,不使知德者厌,无德者惑。

教人未见意趣,必不乐学。欲且教之歌舞,如古《诗》三百篇,皆古人作之。如《关雎》之类,正家之始,故用之乡人,用之邦国,日使人闻之。此等诗,其言简奥,今人未易晓。别欲作诗,略言教童子洒扫应对事长之节,令朝夕歌之,似当有助。

子厚以礼教学者最善,使学者先有所据守。

语学者以所见未到之理,不惟所闻不深彻,反将理低看了。

舞射便见人诚。古之教人,莫非使之成己。自洒扫应对上,便可到圣人事。

自“幼子常视无诳”以上,便是教以圣人事。

先传后倦,君子教人有序:先传以小者近者,而后教以大者远者;非是先传以近小,而后不教以远大也。

伊川先生曰：说书必非古意，转使人薄。学者须是潜心积虑，优游涵养，使之自得。今一日说尽，只是教得薄。至如汉时说下帷讲诵，犹未必说书。

古者八岁入小学，十五入大学，择其才可教者聚之，不肖者复之农亩。盖士农不易业，既入学，则不治农，然后士农判。在学之养，若士大夫之子，则不虑无养；虽庶人之子，既入学，则亦必有养。古之士者，自十五入学，至四十方仕，中间自有二十五年学，又无利可趋，则所志可知，须去趋善，便自此成德。后之人，自童稚间已有汲汲趋利之意，何由得向善？故古人必使四十而仕，然后志定。只营衣食却无害，惟利禄之诱最害人。人有养，便方定志于学。

天下有多少才！只为道不明于天下，故不得有所成就。且古者"兴于《诗》，立于礼，成于乐"。如今人怎生会得？古人于《诗》，如今人歌曲一般，虽闾巷童稚，皆习闻其说而晓其义，故能兴起于《诗》。后世老师宿儒，尚不能晓其义，怎生责得学者，是不得兴于《诗》也。古礼既废，人伦不明，以至治家皆无法度，是不得立于礼也。古人有歌咏以养其性情，声音以养其耳目，舞蹈以养其血脉，今皆无之，是不得成于乐也。古之成材也易，今之成材也难。

孔子教人，"不愤不启，不悱不发"。盖不待愤悱而发，则知之不固；待愤悱而后发，则沛然矣。学者须是深思之，思而不得，然后为他说便好。初学者，须是且为他说，不然，非独他不晓，亦止人好问之心也。

横渠先生曰："恭敬撙节退让以明礼"，仁之至也，爱道之极也。己不勉明，则人无从倡，道无从弘，教无从成矣。

《学记》曰："进而不顾其安，使人不由其诚，教人不尽其材。"人未安之，又进之；未喻之，又告之，徒使人生此节目。不尽材，不顾安，不由诚，皆是施之妄也。教人至难，必尽人之材，乃不误人；观可及处，然后告之。圣人之明，直若庖丁之解牛，皆知其隙，刃投余地，无全牛矣。人之才足以有为，但以其不由于诚，则不尽其才。若曰勉率而为之，则岂有由诚哉？

古之小儿，便能敬事。长者与之提携，则两手奉长者之手；问之，掩口而对。盖稍不敬事，便不忠信。故教小儿，且先安详恭敬。

孟子曰："人不足与适也，政不足与间也，唯大人为能格君心之非。"非惟君心，至于朋游学者之际，彼虽议论异同，未欲深较。惟整理其心，使归之正，岂小补哉！

卷之十二　凡三十三条

濂溪先生曰：仲由喜闻过，令名无穷焉。今人有过，不喜人规，如护疾而忌医，宁灭其身而无悟也，噫！

伊川先生曰：德善日积，则福禄日臻。德逾于禄，则虽盛而非满。自古隆盛，未有不失道而丧败者也。

人之于豫乐，心悦之，故迟迟，遂至于耽恋不能已也。《豫》之六二，以中正自守，其介如石，其去之速，不俟终日，故贞正而吉也。处豫不可安且久也，久则溺矣。如二可谓见几而作者也。盖中正，故其守坚，而能辩之早，去之速也。

人君致危亡之道非一，而以豫为多。

圣人为戒，必于方盛之时。方其盛而不知戒，故狃安富则骄侈生，乐舒肆则纲纪坏，忘祸乱则衅孽萌，是以浸淫不知乱之至也。

《复》之六三，以阴躁处动之极，复之频数而不能固者也。复贵安固，频复频失，不安于复也。复善而屡失，危之道也。圣人开迁善之道，与其复而危其屡失，故云"厉无咎"。不可以频失而戒其复也，频失则为危，屡复何咎？过在失而不在复也。刘质夫曰：频复不已，遂至迷复。

睽极则乖戾而难合，刚极则躁暴而不详，明极则过察而多疑。《睽》之上九，有六三之正应，实不孤，而其才性如此，自睽孤也。如人虽有亲党，而多自疑猜，妄生乖离，虽处骨肉亲党之间，而常孤独也。

《解》之六三曰："负且乘，致寇至；贞吝。"《传》曰：小人而窃盛位，虽勉为正事，而气质卑下，本非在上之物，终可吝也。若能大正，则如何？曰：大正，非阴柔所能也。若能之，则是化为君子矣。

《益》之上九曰："莫益之，或击之。"《传》曰：理者，天下之至公；利者，众人所同欲。苟公其心，不失其正理，则与众同利，无侵于人，人亦欲与之。若切于好利，蔽于自私，求自益以损于人，则人亦与之力争。故莫肯益之，而有击夺之者矣。

《艮》之九三曰："艮其限，列其夤，厉薰心。"《传》曰：夫止道贵乎得宜，行止不能以时，而定于一，其坚强如此，则处世乖戾，与物睽绝，其危甚矣。人之固止一隅，而举世莫与宜者，则艰蹇忿畏焚挠其中，岂有安裕之理？"厉薰心"，谓不安之势薰烁其中也。

大率以说而动，安有不失正者。

男女有尊卑之序，夫妇有倡随之理，此常理也。若徇情肆欲，唯说是动，男牵欲而失其刚，妇狃说而忘其顺，则凶而无所利矣。

虽舜之圣，且畏巧言令色，说之惑人，易入而可惧也如此。

治水，天下之大任也，非其至公之心，能舍己从人，尽天下之议,则不能成其功,岂方命圮族者所能乎? 鲧虽九年而功弗成,然其所治,固非他人所及也。惟其功有叙,故其自任益强,咈戾圮类益甚,公议隔而人心离矣,是其恶益显,而功卒不可成也。

君子敬以直内。微生高所枉虽小,而害则大。

人有欲则无刚,刚则不屈于欲。

人之过也,各于其类。君子常失于厚,小人常失于薄;君子过于爱,小人伤于忍。

明道先生曰: 富贵骄人固不善,学问骄人害亦不细。

人以料事为明,便骎骎入逆诈亿不信去也。

人于外物奉身者,事事要好,只有自家一个身与心却不要好。苟得外面物好时,却不知道自家身与心却已先不好了也。

人于天理昏者,是只为嗜欲乱著他。庄子言:"其嗜欲深者,其天机浅。" 此言却最是。

伊川先生曰: 阅机事之久,机心必生。盖方其阅时,心必喜,既喜,则如种下种子。

疑病者,未有事至时,先有疑端在心;周罗事者,先有周事之端在心。皆病也。

较事大小,其弊为枉尺直寻之病。

小人、小丈夫,不合小了,他本不是恶。

虽公天下事,若用私意为之,便是私。

做官夺人志。

骄是气盈,吝是气歉。人若吝时,于财上亦不足,于事上亦不足,凡百事皆不足,必有歉歉之色也。

未知道者，如醉人，方其醉时，无所不至，及其醒也，莫不愧耻。人之未知学者，自视以为无缺，及既知学，反思前日所为，则骇且惧矣。

邢七云："一日三点捡。"明道先生曰："可哀也哉！其余时理会甚事？盖仿三省之说错了，可见不曾用功。"又多逐人面上说一般话，明道责之，邢曰："无可说。"明道曰："无可说，便不得不说？"

横渠先生曰：学者舍礼义，则饱食终日，无所猷为，与下民一致，所事不逾衣食之间、燕游之乐尔。

郑、卫之音悲哀，令人意思留连，又生怠惰之意，从而致骄淫之心，虽珍玩奇货，其始感人也亦不如是切，从而生无限嗜好；故孔子曰"必放之"，亦是圣人经历过，但圣人能不为物所移耳。

孟子言反经者，特于乡原之后者，以乡原大者不先立，心中初无怍(编者注：怍原作作)，惟是左右看，顺人情，不欲违，一生如此。

卷之十三　凡十四条

明道先生曰：杨、墨之害，甚于申、韩；佛、老之害，甚于杨、墨。杨氏"为我"，疑于仁；墨氏"兼爱"，疑于义。申韩则浅陋易见。故孟子只辟杨、墨，为其惑世之甚也。佛、老其言近理，又非杨、墨之比，此所以为害尤甚。杨、墨之害，亦经孟子辟之，所以廓如也。

伊川先生曰：儒者潜心正道，不容有差，其始甚微，其终则不可救。如"师也过，商也不及"，于圣人中道，师只是过于厚些，商只是不及些；然而厚则渐至于兼爱，不及则便至于为我，其过不及同出于儒者，其末遂至杨、墨。至如杨、墨，亦未至于无父无君，孟子推之便至于此，盖其差必至于是也。

明道先生曰：道之外无物，物之外无道，是天地之间无适而非道也。即父子而父子在所亲，即君臣而君臣在所严，以至为夫妇、为长幼、为朋友，无所为而非道，此道所以不可须臾离也；然则毁人伦、去四大者，其分于道也远矣。故"君子之于天下也，无适也，无莫也，义之与比"，若有适有莫，则于道为有间，非天地之全也。彼释氏之学，于"敬以直内"则有之矣，

"义以方外"则未之有也。故滞固者入于枯槁，疏通者归于恣肆，此佛之教所以为隘也。吾道则不然，率性而已。斯理也，圣人于《易》备言之。又云：佛有一个觉之理，可以"敬以直内"矣，然无"义以方外"，其直内者，要之其本亦不是。

"释氏本怖死生为利，岂是公道？唯务上达而无下学，然则其上达处，岂有是也？元不相连属，但有间断，非道也。孟子曰：'尽其心者，知其性也。'彼所谓识心见性是也，若存心养性一段事则无矣。彼固曰出家独善，便于道体自不足。"或曰："释氏地狱之类，皆是为下根之人设此怖，令为善。"先生曰："至诚贯天地，人尚有不化，岂有立伪教而人可化乎？"

学者于释氏之说，直须如淫声美色以远之；不尔，则骎骎然入其中矣。颜渊问为邦，孔子既告之以二帝、三王之事，而复戒以"放郑声，远佞人"，曰："郑声淫，佞人殆。"彼佞人者，是他一边佞耳，然而于己则危，只是能使人移，故危也。至于禹之言曰："何畏乎巧言令色！"巧言令色直消言畏，只是须著如此戒慎，犹恐不免，释氏之学更不消言。常戒到自家自信后，便不能乱得。

所以谓万物一体者，皆有此理，只为从那里来。"生生之谓易"，生则一时生，皆完此理。人则能推，物则气昏推不得，不可道他物不与有也。人只为自私，将自家躯壳上头起意，故看得道理小了他底。放这身来，都在万物中一例看，大小大快活。释氏以不知此，去他身上起意思，奈何那身不得，故却厌恶，要得去尽根尘，为心源不定，故要得如枯木死灰。然没此理，要有此理，除是死也。释氏其实是爱身，放不得，故说许多。譬如负版（编者注：版原作贩）之虫，已载不起，犹自更取物在身。又如抱石投河，以其重愈沉，终不道放下石头，惟嫌重也。

人有语导气者，问先生曰："君亦有术乎？"曰："吾尝夏葛而冬裘，饥食而渴饮，节嗜欲，定心气，如斯而已矣。"

佛氏不识阴阳、昼夜、死生、古今，安得谓形而上者与圣人同乎？

释氏之说，若欲穷其说而去取之，则其说未能穷，固已化而为佛矣。只且于迹上考之，其设教如是，则其心果如何？固难为取其心不取其迹，有是心则有是迹。王通言心迹之判，便是乱说。故不若且于迹上断定不与圣人合。其言有合处，则吾道固已有；有不合者，固所不取。如是立定，却省易。

问："神仙之说有诸？"曰："若说白日飞升之类，则无；若言居山林间，保形炼气，以延年益寿，则有之。譬如一炉火，置之风中则易过，置之密室则难过，有此理也。"又问："杨子言'圣人不师仙，厥术异也'，圣人能为此等事否？"曰："此是天地间一贼，若非窃造化之机，安能延年？使圣人肯为，周、孔为之矣。"

谢显道历举佛说与吾儒同处。问伊川先生，先生曰："恁地同处虽多，只是本领不是，一齐差却。"

横渠先生曰：释氏妄意天性，而不知范围之（编者注：之原作天）用，反以六根之微因缘天地，明不能尽，则诬天地日月为幻妄，蔽其用于一身之小，溺其志于虚空之大，此所以语大语小，流遁失中。其过于大也，尘芥六合；其蔽于小也，梦幻人世。谓之穷理，可乎？不知穷理而谓之尽性，可乎？谓之无不知，可乎？尘芥六合，谓天地为有穷也；梦幻人世，明不能究其所从也。

大《易》不言有无。言有无，诸子之陋也。

浮图明鬼，谓有识之死，受生循环，遂厌苦求免，可谓知鬼乎？以人生为妄见，可谓知人乎？天人一物，辄生取舍，可谓知天乎？孔、孟所谓天，彼所谓道，惑者指游魂为变为轮回，未之思也。大学当先知天德，知天德，则知圣人、知鬼神。今浮图剧论要归，必谓死生流转，非得道不免，谓之悟道，可乎？悟则有义有命，均死生，一天人，惟知昼夜，通阴阳，体之无二。自其说炽，传中国，儒者未容窥圣学门墙，已为引取，沦胥其间，指为大道。乃其俗达之天下，致善恶知愚、男女臧获，人人著信。使英才间气，生则溺耳目恬习之事，长则师世儒崇尚之言，遂冥然被驱，因谓圣人可不修而至，大道可不学而知。故未识圣人心，已谓不必求其迹；未见君子志，已谓不必事其文。此人伦所以不察，庶物所以不明，治所以忽，德所以乱。异言满耳，上无礼以防其伪，下无学以稽其弊，自古诐淫邪遁之辞，翕然并兴，一出于佛氏之门者千五百年。向非独立不惧，精一自信，有大过人之才，何以正立其间，与之较是非，计得失哉！

卷之十四　凡二十六条

明道先生曰：尧与舜更无优劣，及至汤、武便别。孟子言"性之""反之"，自古无人如此说，只孟子分别出来，便知得尧、舜是生而知之，汤、武是学而能之。文王之德则似尧、舜，禹之德则似汤、武。要之皆是圣人。

仲尼，元气也；颜子，春生也；孟子，并秋杀尽见。仲尼无所不包；颜子示"不违如愚"之学于后世，有自然之和气，不言而化者也；孟子则露其材，盖亦时然而已。仲尼，天地也；颜子，和风庆云也；孟子，泰山岩岩之气象也。观其言，皆可见之矣。仲尼无迹，颜子微有迹，孟子其迹著。孔子尽是明快人，颜子尽岂弟，孟子尽雄辩。

曾子传圣人学，其德后来不可测，安知其不至圣人？如言"吾得正而毙"，且休理会文字，只看他气象极好，被他所见处大。后人虽有好言语，只被气象卑，终不类道。

传经为难。如圣人之后才百年，传之已差。圣人之学，若非子思、孟子，则几乎息矣。道何尝息，只是人不由之。"道非亡也，幽、厉不由也"。

荀子才高，其过多；扬雄才短，其过少。

荀子极偏驳，只一句“性恶”，大本已失；扬子虽少过，然己自不识性，更说甚道？

董仲舒曰：“正其义，不谋其利；明其道，不计其功。”此董子所以度越诸子。

汉儒如毛苌、董仲舒，最得圣贤之意，然见道不甚分明。下此即至扬雄，规模又窄狭矣。

林希谓扬雄为禄隐。扬雄，后人只为见他著书，便须要做他是，怎生做得是？

孔明有王佐之心，道则未尽。王者如天地之无私心焉，行一不义而得天下，不为。孔明必求有成，而取刘璋。圣人宁无成耳，此不可为也。若刘表子琮，将为曹公所并，取而兴刘氏，可也。

诸葛武侯有儒者气象。

孔明庶几礼乐。

文中子本是一隐君子，世人往往得其议论，附会成书，其间极有格言，荀、扬道不到处。

韩愈亦近世豪杰之士，如《原道》中言语虽有病，然自孟子而后，能将许大见识寻求者，才见此人。至如断曰：“孟子醇乎醇。”又曰：“荀与扬择焉而不精，语焉而不详。”若不是他见得，岂千余年后便能断得如此分明？

学本是修德，有德然后有言。退之却倒学了，因学文，日求所未至，遂有所得。如曰：“轲之死，不得其传。”似此言语，非是蹈袭前人，又非凿空撰得出，必有所见。若无所见，不知言所传者何事。

周茂叔胸中洒落，如光风霁月。其为政精密严恕，务尽道理。

伊川先生撰《明道先生行状》曰：先生资禀既异，而充养有道；纯粹如精金，温润如良玉；宽而有制，和而不流；忠诚贯于金石，孝悌通于神明。视其色，其接物也，如春阳之温；听其言，其入人也，如时雨之润。胸怀洞然，彻视无间。测其蕴，则浩乎若沧溟之无际；极其德，美言盖不足以形容。先生行己，内主于敬，而行之以恕，见善若出诸己，不欲弗施于人。居广居而行大道，言有物而动有常。先生为学，自十五六时，闻汝南周茂叔论道，遂厌科举之业，慨然有求道之志。未知其要，泛滥于诸家，出入于老、释者几十年，返求诸《六经》而后得之。明于庶物，察于人伦，知尽性至命，必本于孝弟，穷神知化，由通于礼乐。辨异端似是之非，开百代未明之惑，秦汉而下，未有臻斯理也。谓孟子没而圣学不传，以兴起斯文为己任。其言曰："道之不明，异端害之也。昔之害近而易知，今之害深而难辨。昔之惑人也，乘其迷暗；今之入人也，因其高明。自谓之穷神知化，而不足以开物成务。言为无不周遍，实则外于伦理。穷深极微，而不可以入尧、舜之道。天下之学，非浅陋固滞，则必入于此。自道之不明也，邪诞妖异之说竞起，涂生民之耳目，溺天下于污浊。虽高才明智，胶于见闻，醉生梦死，不自觉也。是皆正路之蓁芜，圣门之蔽塞，辟之而后可以入道。"先生进将觉斯人，退将明之书；不幸早世，皆未及也。其辨析精微，稍见于世者，学者之所传耳。先生之门，学者多矣。先生之言，平易易知，贤愚皆获其益，如群饮于河，各充其量。先生教人，自致知至于知止，诚意至于平天下，洒扫应对至于穷理尽性，循循有序。病世之学者舍近而趋远，处下而窥高，所以轻自大而卒无得也。先生接物，辨而不间，感而能通。教人而人易从，怒人而人不怨，贤愚善恶咸得其心。狡伪者献其诚，暴慢者致其恭，闻风者诚服，觌德者心醉。虽小人以趋向之异，顾于利害，时见排斥，退而省其私，未有不以先生为君子也。先生为政，治恶以宽，处烦而裕。当法令繁密之际，未尝从众为应文逃责之事。人皆病于拘碍，而先生处之绰然。众忧以为甚难，而先生为之沛然。虽当仓卒，不动声色。方监司竞为严急之时，其待先生率皆宽厚，设施之际，有所赖焉。先生所为纲条法度，人可效而为也。至其道之而从，动之而和，不求物而物应，未施信而民信，则人不可及也。

明道先生曰：周茂叔窗前草不除去，问之，云"与自家意思一般"。子厚观驴鸣，亦谓如此。

张子厚闻生皇子，喜甚；见饿殍者，食便不美。

伯淳尝与子厚在兴国寺讲论终日，而曰："不知旧日曾有甚人于此处讲此事？"

谢显道云：明道先生坐如泥塑人，接人则浑是一团和气。

侯师圣云：朱公掞见明道于汝，归谓人曰："光庭在春风中坐了一个月。"游、杨初见伊川，伊川瞑目而坐，二子侍立。既觉，顾谓曰："贤辈尚在此乎？日既晚，且休矣。"及出门，门外之雪深一尺。

刘安礼云：明道先生德性充完，粹和之气，盎于面背，乐易多恕,终日怡悦,立之从先生三十年,未尝见其忿厉之容。

吕与叔撰《明道先生哀词》云:先生负特立之才,知《大学》之要,博文强识,躬行力究,察伦明物,极其所止,涣然心释,洞见道体。其造于约也,虽事变之感不一,知应以是心而不穷;虽关下之理至众,知反之吾身而自足。其致于一也,异端并立而不能移,圣人复起而不与易。其养之成也,和气充浃,见于声容,然望之崇深,不可慢也;遇事优为,从容不迫,然诚心恳恻,弗之措也。其自任之重也,宁学圣人而未至,不欲以一善成名;宁以一物不被泽为己病,不欲以一时之利为己功。其自信之笃也,吾志可行,不苟洁其去就;吾义所安,虽小官有所不屑。

吕与叔撰《横渠先生行状》云:康定用兵时,先生年十八,慨然以功名自许,上书谒范文正公。公知其远器,欲成就之,乃责之曰:“儒者自有名教,何事于兵?”因劝读《中庸》。先生读其书,虽爱之,犹以为未足,于是又访诸释、老之书,累年尽究其说,知无所得,反而求之《六经》。嘉祐初,见程伯淳、正叔于京师,共语道学之要。先生涣然自信曰:“吾道自足,何事旁求!”于是尽弃异学,淳如也。尹彦明云:横渠昔在京师,坐虎皮,说《周易》,听从甚众。一夕,二程先生至,论《易》。次日,横渠撤去虎皮,曰:“吾平日为诸公说者,皆乱道。有二程近到,深明《易》道,吾所弗及,汝辈可师之。”晚自崇文移疾西归横渠,终日危坐一室,左右简编,俯而读,仰而思,有得则识之。或中夜起坐,取烛以书。其志道精思,未始须臾息,亦未尝须臾忘也。学者有问,多告以知礼成性、变化气质之道,学必如圣人而后已,闻者莫不动心有进。尝谓门人曰："吾学既得于心，则修其辞；命辞无差，然后断事；断事无失，吾乃沛然。精义入神者，豫而已矣。"先生气质刚毅，德盛貌严，然与人居，久而日亲。其治家接物，大要正己以感人；人未之信，反躬自治，不以语人；虽有未谕，安行而无悔。故识与不识，闻风而畏。非其义也，不敢以一毫及之。

　　横渠先生曰：二程从十四五时，便脱然欲学圣人。

附　录

朱子论理气

[宋]朱　熹

太极天地上

问：“太极不是未有天地之先有个浑成之物，是天地万物之理总名否？”曰：“太极只是天地万物之理。在天地言，则天地中有太极；在万物言，则万物中各有太极。未有天地之先，毕竟是先有此理。动而生阳，亦只是理；静而生阴，亦只是理。”问：“《太极解》何以先动而后静，先用而后体，先感而后寂？”曰：“在阴阳言，则用在阳而体在阴，然动静无端，阴阳无始，不可分先后。今只就起处言之，毕竟动前又是静，用前又是体，感前又是寂，阳前又是阴，而寂前又是感，静前又是动，将何者为先后？不可只道今日动便为始，而昨日静更不说也。如鼻息，言呼吸则辞顺，不可道吸呼。毕竟呼前又是吸，吸前又是呼。”淳。

问：“昨谓未有天地之先，毕竟是先有理，如何？”曰：“未有天地之先，毕竟也只是理。有此理，便有此天地；若无此理，便亦无天地，无人无物，都无该载了。有理，便有气流行，发育万物。"曰:"发育是理发育之否?"曰:"有此理,便有此气流行发育。理无形体。"曰:"所谓体者,是强名否?"曰:"是。"曰:"理无极,气有极否?"曰:"论其极,将那处做极?"淳。

若无太极,便不翻了天地? 方子。

太极只是一个"理"字。人杰。

有是理后生是气,自"一阴一阳之谓道"推来。此性自有仁义。德明。

天下未有无理之气,亦未有无气之理。气以成形,而理亦赋焉。○铢。

先有个天理了,却有气。气积为质,而性具焉。敬仲。

问"理与气",曰:"伊川说得好,曰:'理一分殊。'合天地万物而言,只是一个理;及在人,则又各自有一个理。"夔孙。

问"理与气",曰:"有是理便有是气,但理是本,而今且从理上说气。如云:'太极动而生阳,动极而静,静而生阴。'不成动已前便无静。程子曰:'动静无端。'盖此亦是且自那动处说起。若论着动以前又有静,静以前又有动,如云:'一阴一阳之谓道,继之者善也。'这'继'字便是动之端。若只一开一阖而无继,便是阖杀了。"又问:"继是动静之间否?"曰:"是静之终,动之始也。且如四时,到得冬月,万物都归窠了;若不生,来年便都息了。盖是贞复生元,无穷如此。"又问:"元亨利贞是备个动静阴阳之理,而《易》只是《乾》有之?"曰:"若论文王《易》,本是作'大亨利贞',只作两字说。孔子见这四字好,便挑开说了。所以某尝说,《易》难看,便是如此。伏羲自是伏羲《易》,文王自是文王《易》,孔子因文王底说，又却出入乎其间也。"又问："有是理而后有是气。未有人时，此理何在？"曰："也只在这里。如一海水，或取得一杓，或取得一担，或取得一碗，都是这海水。但是他为主，我为客；他较长久，我得之不久耳。"夔孙。〇义刚录同。

问："先有理，抑先有气？"曰："理未尝离乎气。然理形而上者，气形而下者。自形而上下言，岂无先后？理无形，气便粗，有渣滓。"淳。

或问："必有是理，然后有是气，如何？"曰："此本无先后之可言。然必欲推其所从来，则须说先有是理。然理又非别为一物，即存乎是气之中；无是气，则是理亦无挂搭处。气则为金木水火，理则为仁义礼智。"人杰。

或问"理在先，气在后"，曰："理与气本无先后之可言。但推上去时，却如理在先，气在后相似。"又问："理在气中发见处如何？"曰："如阴阳五行错综不失条绪，便是理。若气不结聚时，理亦无所附着。故康节云：'性者，道之形体；心者，性之郛郭；身者，心之区宇；物者，身之舟车。'"问"道之体用"，曰："假如耳便是体，听便是用；目是体，见是用。"祖道。

或问"先有理后有气之说"，曰："不消如此说。而今知得他合下是先有理，后有气邪？后有理，先有气邪？皆不可得而推究。然以意度之，则疑此气是依傍这理行。及此气之聚，则理亦在焉。盖气则能凝结造作，理却无情意，无计度，无造作。只此气凝聚处，理便在其中。且如天地间人物草木禽兽，其生也，莫不有种，定不会无种子白地生出一个物事，这个都是气。若理，则只是个净洁空阔底世界，无形迹，他却不会造作；气则能酝酿凝聚生物也。但有此气，则理便在其中。"僩。

问："有是理便有是气，似不可分先后？"曰："要之，也先有理。只不可说是今日有是理，明日却有是气；也须有先后。且如万一山河大地都陷了，毕竟理却只在这里。"胡泳。

徐问："天地未判时，下面许多都已有否？"曰："只是都有此理，天地生物千万年，古今只不离许多物。"淳。〇天地。

问："天地之心亦灵否？还只是漠然无为？"曰："天地之心不可道是不灵，但不如人恁地思虑。伊川曰：'天地无心而成化，圣人有心而无为。'"淳。

问："天地之心，天地之理。理是道理，心是主宰底意否？"曰："心固是主宰底意，然所谓主宰者，即是理也，不是心外别有个理，理外别有个心。"又问："此'心'字与'帝'字相似否？"曰："'人'字似'天'字，'心'字似'帝'字。"夔孙。〇义刚同。

道夫言："向者先生教思量天地有心无心。近思之，窃谓天地无心，仁便是天地之心。若使其有心，必有思虑，有营为。天地曷尝有思虑来？然其所以'四时行，百物生'者，盖以其合当如此便如此，不待思维，此所以为天地之道。"曰："如此，则《易》所谓'复其见天地之心'，'正大而天地之情可见'，又如何？如公所说，只说得他无心处尔。若果无心，则须牛生出马，桃树上发李花，他又却自定。程子曰：'以主宰谓之帝，以性情谓之乾。'他这名义自定，心便是他个主宰处，所以谓天地以生物为心。中间钦夫以为某不合如此说。某谓天地别无勾当，只是以生物为心。一元之气，运转流通，略无停间，只是生出许多万物而已。"问:"程子谓:'天地无心而成化,圣人有心而无为。'"曰:"这是说天地无心处。且如'四时行,百物生',天地何所容心? 至于圣人,则顺理而已,复何为哉? 所以明道云:'天地之常,以其心普万物而无心;圣人之常,以其情顺万事而无情。'说得最好。"问:"普万物,莫是以心周遍而无私否?"曰:"天地以此心普及万物,人得之遂为人之心,物得之遂为物之心,草木禽兽接着遂为草木禽兽之心,只是一个天地之心尔。今须要知得他有心处,又要见得他无心处,只恁定说不得。"道夫。

万物生长,是天地无心时;枯槁欲生,是天地有心时。方。

问:"'上帝降衷于民。''天将降大任于人。''天祐民,作之君。''天生物,因其才而笃。''作善,降百祥;作不善,降百殃。''天将降非常之祸于此世,必预出非常之人以拟之。'凡此等类,是苍苍在上者真有主宰如是邪? 抑天无心,只是推原其理如此?"曰:"此三段只一意。这个也只是理如此,气运从来一盛了又一衰,一衰了又一盛,只管恁地循环去,无有衰而不盛者。所以降非常之祸于世,定是生出非常之人。邵尧夫《经世吟》云:'羲轩尧舜,汤武桓文,皇王帝霸,父子君臣。四者之道,理限于秦,降及两汉,又历三分。东西僭扰,南北纷纭,五胡十姓,天纪几棼。非唐不济,非宋不存,千世万世,中原有人!'盖一治必又一乱,一乱必又一治。夷狄只是夷狄,须是还他中原。"淳。

帝是理为主。淳。

苍苍之谓天。运转周流不已,便是那个。而今说天有个人在那里批判罪恶，固不可；说道全无主之者，又不可。这里要人见得。侗。○又侗问经传中"天"字，曰："要人自看得分晓，也有说苍苍者，也有说主宰者，也有单训理时。"

天地初间只是阴阳之气。这一个气运行，磨来磨去，磨得急了，便拶许多渣滓；里面无处出，便结成个地在中央。气之清者便为天，为日月，为星辰，只在外，常周环运转。地便只在中央不动，不是在下。淳。

清刚者为天，重浊者为地。道夫。

天运不息，昼夜辗转，故地榷在中间。使天有一息之停，则地须陷下。惟天运转之急，故凝结得许多渣滓在中间。地者，气之渣滓也，所以道"轻清者为天，重浊者为地"。道夫。

天以气而依地之形，地以形而附天之气。天包乎地，地特天中之一物尔。天以气而运乎外，故地榷在中间，隤然不动。使天之运有一息停，则地须陷下。道夫。

天包乎地，天之气又行乎地之中，故横渠云："地对天不过。"振。

地却是有空阙处；天却四方上下都周匝无空阙，逼塞满皆是天。地之四向底下却靠着那天；天包地，其气无不通。恁地看来，浑只是天了。气却从地中迸出，又见地广处。渊。

季通云："地上便是天。"端蒙。

天只是一个大底物，须是大著心肠看他，始得。以天运言之，一日固是转一匝；然又有大转底时候，不可如此偏滞求也。侗。

天明，则日月不明。天无明；夜半黑淬淬地，天之正色。偶。

山河大地初生时，须尚软在。气质。〇方子。

"天地始初混沌未分时，想只有水火二者。水之滓脚便成地；今登高而望，群山皆为波浪之状，便是水泛如此，只不知因甚么时凝了，初间极软，后来方凝得硬。"问："想得如潮水涌起沙相似？"曰："然。水之极浊便成地，火之极清便成风霆雷电日星之属。"偶。

西北地至高。地之高处，又不在天之中。义刚。

唐太宗用兵至极北处，夜亦不曾太暗，少顷即天明。谓在地尖处，去天地上下不相远，掩日光不甚得。扬。

地有绝处。唐太宗收至骨利干，置坚昆都督府，其地夜易晓，夜亦不甚暗，盖当地绝处，日影所射也；其人发皆赤。扬。

《通鉴》说，有人适外国，夜熟一羊脾而天明，此是地之角尖处。日入地下，而此处无所遮蔽，故常光明；及从东出而为晓，其所经遮蔽处亦不多耳。义刚。

问："康节论六合之外，恐无外否？"曰："理无内外，六合之形须有内外。日从东畔升，西畔沉，明日又从东畔升。这上面许多，下面亦许多，岂不是六合之内？历家算气，只算得到日月星辰运行处，上去更算不得。安得是无内外？"淳。

问："自开辟以来，至今未万年，不知已前如何？"曰："已前亦须如此一番明白来。"又问："天地会坏否？"曰："不会坏。只是相将人无道极了，便一齐打合，混沌一番，人物都尽，又重新起。"问："生第一个人时如何？"曰："以气化。二五之精合而成形，释家谓之化生。如今物之化生甚多，如虱然。"扬。

"天地不恕"，谓肃杀之类。振。

可几问："大钧播物，还是一去便休，也还有去而复来之理？"曰："一去便休耳，岂有散而复聚之气？"道夫。○气。

造化之运如磨，上面常转而不止。万物之生，似磨中撒出，有粗有细，自是不齐。又曰：天地之形，如人以两碗相合，贮水于内。以手常常掉开，则水在内不出；稍住手，则水漏矣。过。

问"气之伸屈"，曰："譬如将水放锅里煮，水既干，那泉水依前又来，不到得将已干之水去做它。"夔孙。

人呼气时，腹却胀；吸气时，腹却厌。论来，呼而腹厌，吸而腹胀，乃是。今若此者，盖呼气时，此一口气虽出，第二口气复生，故其腹胀；及吸气时，其所生之气又从里赶出，故其腹却厌。大凡人生至死，其气只管出，出尽便死。如吸气时，非是吸外气而入，只是住得一霎时，第二口气又出，若无得出时便死。老子曰："天地之间，其犹橐籥乎，动而不屈，虚而愈出。"橐籥只是今之鞴扇耳。广。

数只是算气之节候。大率只是一个气；阴阳播而为五行，五行中各有阴阳。甲乙木，丙丁火；春属木，夏属火。年月日时无有非五行之气，甲乙丙丁又属阴属阳，只是二五之气。人之生，适遇其气，有得清者，有得浊者，贵贱寿夭皆然，故有参错不齐如此。圣贤在上，则其气中和；不然，则其气偏行。故有得其气清，聪明而无福禄者；亦有得其气浊，有福禄而无知者，皆其气数使然。尧、舜、禹、皋、文、武、周、召得其正，孔、孟、夷、齐得其偏者也。至如极乱之后，五代之时，又却生许多圣贤,如祖宗诸臣者,是极而复者也。扬录云:硕果不食之理。如大睡一觉,及醒时却有精神。扬录此下云:今却诡诈玩弄,未有醒时。非积乱之甚五六十年,即定气息未苏了,是大可忧也!

天地统是一个大阴阳;一年又有一年之阴阳,一月又有一月之阴阳,一日一时皆然。端蒙。○阴阳五行。

阴阳五行之理,须常常看得在目前,则自然牢固矣。人杰。

阴阳是气,五行是质。有这质,所以做得物事出来。五行虽是质,他又有五行之气做这物事,方得。然却是阴阳二气截做这五个,不是阴阳外别有五行。如十干甲乙,甲便是阳,乙便是阴。高。○渊同。

问:"前日先生答书云:'阴阳五行之为性,各是一气所禀,而性则一也。'两'性'字同否?"曰:"一般。"又曰:"同者理也,不同者气也。"又曰:"他所以道'五行之生各一其性。'"节复问:"这个莫是木自是木,火自是火,而其理则一?"先生应而曰:"且如这个光,也有在砚盖上底,也有在墨上底,其光则一也。"节。

五行相为阴阳,又各自为阴阳。端蒙。

气之精英者为神。金木水火土非神,所以为金木水火土者是神。在人则为理,所以为仁义礼智信者是也。植。

金木水火土虽曰"五行各一其性",然一物又各具五行之理,不可不知。康节却细推出来。僩。

天一自是生水,地二自是生火。生水只是合下便具得湿底意思。木便是生得一个软底,金便是生出得一个硬底。五行之说,《正蒙》中说得好。又曰:木者,土之精华也。又记曰：水火不出于土，《正蒙》一段说得最好，不胡乱下一字。节。

问："黄寺丞云：'金木水火体质属土。'"曰："《正蒙》有一说好，只说金与木之体质属土，水与火却不属土。"问："火附木而生，莫亦属土否？"曰："火自是个虚空中物事。"问："只温热一作"暖"。之气便是火否？"曰："然。"胡泳。○僴同。

水火清，金木浊，土又浊。可学。

论阴阳五行，曰："康节说得法密，横渠说得理透。邵伯温载伊川言曰：'向惟见周茂叔语及此，然不及先生之有条理也。'钦夫以为伊川未必有此语，盖伯温妄载。某则以为此语恐诚有之。"方子。

土无定位，故今历家以四季之月十八日为土，分得七十二日。若说播五行于四时，以十干推之，亦得七十二日。方子。○高同。

问："四时取火，何为季夏又取一番？"曰："土旺于未，故再取之。土寄旺四季，每季皆十八日，四个十八日，计七十二日。其他四行分四时，亦各得七十二日。五个七十二日，共凑成三百六十日也。"僴。

问："古者取火，四时不同。不知所取之木既别，则火亦异否？"曰："是如此。"胡泳。

火中有黑，阳中阴也；水外黑洞洞地，而中却明者，阴中之阳也。故水谓之阳，火谓之阴，亦得。伯羽。

阴以阳为质，阳以阴为质。水内明而外暗，火内暗而外明。横渠曰"阴阳之精，互藏其宅"，正此意也。《坎》《离》。

○道夫。

清明内影,浊明外影;清明金水,浊明火日。_{侗。}

天有春夏秋冬,地有金木水火,人有仁义礼智,皆以四者相为用也。_{季札。}

春为感,夏为应;秋为感,冬为应。若统论,春夏为感,秋冬为应;明岁春夏又为感。_{可学。○四时。}

问学者云:"古人排十二时是如何?"诸生思未得。先生云:"'志'是从'之'从'心',乃是心之所之。古'时'字从'之'从'日',亦是日之所至。盖日至于午,则谓之午时;至未,则谓之未时;十二时皆如此推。古者训'日'字,实也;'月'字,缺也。月则有缺时,日常实,是如此。如天行亦有差,月星行又迟,赶它不上。惟日,铁定如此。"又云:"看北斗,可以见天之行。"_{夔孙。}

天 地 下

天文有半边在上面,须有半边在下面。_{侗。}

如何见得天有三百六十度?甚么人去量来?只是天行得过处为度。天之过处,便是日之退处。日月会为辰。_{节。}

有一常见不隐者为天之盖,有一常隐不见者为天之底。_{节。}

叔器问:"天有几道?"曰:"据历家说有五道。而今且将黄赤道说,赤道正在天之中,如合子缝模样,黄道是在那赤道之间。"_{义刚。}

问"同度同道"，曰："天有黄道，有赤道。天正如一圆匣相似，赤道是那匣子相合缝处，在天之中。黄道一半在赤道之内，一半在赤道之外，东西两处与赤道相交。度，却是将天横分为许多度数，会时是日月在那黄道赤道十字路头相交处厮撞着，望时是月与日正相向。如一个在子，一个在午，皆同一度。谓如月在毕十一度，日亦在毕十一度，虽同此一度，却南北相向。日所以蚀于朔者，月常在下，日常在上，既是相会，被月在下面遮了日，故日蚀。望时月蚀，固是阴敢与阳敌，然历家又谓之暗虚。盖火日外影，其中实暗，到望时恰当着其中暗处，故月蚀。"偰。

问："周天之度，是自然之数，是强分？"曰："天左旋，一昼一夜行一周，而又过了一度。以其行过处，一日作一度，三百六十五度四分度之一，方是一周。只将南北表看：今日恁时看，时有甚星在表边；明日恁时看，这星又差远，或别是一星了。"胡泳。

天一日周地一遭，更过一度；日即至其所，赶不上一度；月不及十三度。天一日过一度，至三百六十五度四分度之一，则及日矣，与日一般，是为一期。扬。

天行至健，一日一夜一周，天必差过一度。日一日一夜一周恰好，月却不及十三度有奇。只是天行极速，日稍迟一度，月必迟十三度有奇耳。因举陈元滂云："只似在圆地上走，一人过急一步，一人差不及一步，又一人甚缓，差数步也。"天行只管差过，故历法亦只管差。尧时昏旦星中于午，《月令》差于未，汉晋以来又差，今比尧时似差及四分之一。古时冬至日在牵牛,今却在斗。德明。

天最健,一日一周而过一度。日之健次于天,一日恰好行三百六十五度四分度之一,但比天为退一度。月比日大故缓,比天为退十三度有奇。但历家只算所退之度,却云日行一度,月行十三度有奇。此乃截法,故有日月五星右行之说,其实非右行也。横渠曰:"天左旋,处其中者顺之,少迟则反右矣。"此说最好。《书疏》"玑衡",《礼疏》"星回于天",《汉志》"天体",沈括《浑仪议》,皆可参考。闳祖。

问:"天道左旋,自东而西,日月右行,则如何?"曰:"横渠说日月皆是左旋,说得好。盖天行甚健,一日一夜周三百六十五度四分度之一,又进过一度。日行速,健次于天,一日一夜周三百六十五度四分度之一,正恰好。比天进一度,则日为退一度。二日天进二度,则日为退二度。积至三百六十五日四分日之一,则天所进过之度,又恰周得本数;而日所退之度,亦恰退尽本数,遂与天会而成一年。月行迟,一日一夜三百六十五度四分度之一行不尽,比天为退了十三度有奇。进数为顺天而左,退数为逆天而右。历家以进数难算,只以退数算之,故谓之右行,且曰:'日行迟,月行速。'然则日行却得其正,故扬子《太玄》首便说日云云。向来久不晓此,因读《月令》'日穷于次'疏中有天行过一度之说,推之乃知其然。又如《书》'齐七政'疏中二三百字,说得天之大体亦好;《后汉历志》亦说得好。"义刚录云:《前汉历志》说道理处少,不及《东汉志》较详。淳问:"《月令疏》'地冬上腾,夏下降',是否?"曰:"未便理会到此。且看大纲识得后,此处用度算方知。"淳。

〇义刚同。

天左旋，日月亦左旋。但天行过一度，日只在此，当卯而卯，当午而午。某看得如此，后来得《礼记》说，暗与之合。泳。

天道与日月五星皆是左旋。天道日一周天而常过一度；日亦日一周天，起度端，终度端，故比天道常不及一度；月行不及十三度四分度之一。今人却云月行速，日行迟，此错说也。但历家以右旋为说，取其易见日月之度耳。至。

问"天道左旋，日月星辰右转"，曰："自疏家有此说，人皆守定。某看天上日月星不曾右转，只是随天转。天行健，这个物事极是转得速。且如今日日与月星都在这度上，明日旋一转，天却过了一度；日迟些，便欠了一度；月又迟些，又欠了十三度；如岁星须一转争了三十度。要看历数子细，只是'璇玑玉衡'疏载王蕃《浑天说》一段极精密，可检看，便是说一个现成天地了。月常光，但初二三日照只照得那一边，过几日渐渐移得正，到十五日，月与日正相望。到得月中天时节，日光在地下，迸从四边出，与月相照，地在中间，自遮不过。今月中有影，云是莎罗树，乃是地形，未可知。"贺孙。

义刚言："伯靖以为天是一日一周，日则不及一度，非天过一度也。"曰："此说不是。若以为天是一日一周，则四时中星如何解不同？更是如此，则日日一般，却如何纪岁？把甚么时节做定限？若以为天不过而日不及一度，则趖来趖去，将次午时便打三更矣！"因取《礼记·月令疏》指其中说早晚不同，及更行一度两处，曰："此说得甚分明。其他历书都不如此说，盖非不晓，但是说滑了口后，信口说，习而不察，更不去子细检点。而今若就天里看时，只是行得三百六十五度四分度之一。若把天外来说，则是一日过了一度。季通常有言：'论日月，则在天里；论天，则在太虚空里。若去太虚空里观那天，自是日月衮得不在旧时处了。'"先生至此，以手画轮子，曰："谓如今日在这一处，明日自是又衮动着些子，又不在旧时处了。"又曰："天无体，只二十八宿便是天体。日月皆从角起，天亦从角起。日则一日运一周，依旧只到那角上；天则一周了，又过角些子。日日累上去，则一年便与日会。"次日，仲默附至《天说》曰："天体至圆，周围三百六十五度四分度之一，绕地左旋，常一日一周而过一度。日丽天而少迟，故日行一日，亦绕地一周，而在天为不及一度；积三百六十五日九百四十分日之二百三十五而与天会，是一岁日行之数也。月丽天而尤迟，一日常不及天十三度十九分度之七；积二十九日九百四十分日之四百九十九而与日会，十二会，得全日三百四十八，余分之积，又五千九百八十八；如日法，九百四十而一，得六，不尽三百四十八，通计得日三百五十四，九百四十分日之三百四十八，是一岁月行之数也。岁有十二月，月有三十日。三百六十日者，一岁之常数也。故日与天会，而多五日九百四十分日之二百三十五者，为气盈；月与日会，而少五日九百四十分日之五百九十二者，为朔虚。合气盈朔虚而闰生焉，故一岁闰率则十日九百四十分日之八百二十七；三岁一闰，则三十二日九百四十分日之六百单一；五岁再闰，则五十四日九百四十分日之三百七十五，十有九岁七闰，则气朔分齐，是为一章也。"先生以此示义刚，曰："此说也分明。"
义刚。

天道左旋，日月星并左旋。星不是贴天；天是阴阳之气
在上面，下人看，见星随天去耳。宇。

问："经星左旋，纬星与日月右旋，是否？"曰："今诸家是
如此说。横渠说天左旋，日月亦左旋，看来横渠之说极是。只
恐人不晓，所以《诗传》只载旧说。"或曰："此亦易见，如以一
大轮在外，一小轮载日月在内，大轮转急，小轮转慢，虽都是左
转，只有急有慢，便觉日月似右转了。"曰："然。但如此，则历
家'逆'字皆着改做'顺'字，'退'字皆着改做'进'字。"僩。

《晋天文志》论得亦好，多是许敬宗为之。日月随天左
旋，如横渠说较顺；五星亦顺行。历家谓之缓者反是急，急者
反是缓。历数，谓日月星所经历之数。扬。

问："日是阳，如何反行得迟如月？"曰："正是月行得迟。"
问："日行一度，月行十三度有奇。"曰："历家是将他退底度数
为进底度数。天至健，故日常不及他一度；月又迟，故不及天
十三度有奇。且如月生于西，一夜一夜渐渐向东，便可见月
退处。"问："如此说，则是日比天行迟了一度，月比天行迟了
十三度有奇。"曰："历家若如此说，则算着那相去处度数多。
今只以其相近处言，故易算。闻季通云：'西域有《九执历》，
却是顺算。'"胡泳。

程子言日升降于三万里，是言黄赤道之间相去三万里。
天日月星皆是左旋，只有迟速。天行较急，一日一夜绕地一周
三百六十五度四分度之一，而又进过一度。日行稍迟，一日一

夜绕地恰一周，而于天为退一度；至一年，方与天相值在恰好
处，是谓一年一周天。月行又迟，一日一夜绕地不能匝，而于
天常退十三度十九分度之七；至二十九日半强，恰与天相值
在恰好处，是谓一月一周天。月只是受日光。月质常圆，不曾
缺，如圆球，只有一面受日光。望日日在西，月在卯，正相对，
受光为盛。天积气，上面劲，只中间空，为日月来往。地在天
中，不甚大，四边空。有时月在天中央，日在地中央，则光从四
旁上受于月，其中昏暗，便是地影。望以后，日与月行便差背
向一畔，相去渐渐远，其受光面不正，至朔行又相遇。日与月
正紧相合，日便蚀，无光。月或从上过，或从下过，亦不受光。
星亦是受日光，但小耳。北辰中央一星甚小，谢氏谓"天之
机"，亦略有意，但不似"天之枢"较切。淳。

　　日月升降三万里之中，此是主黄道相去远近而言。若天
之高，则里数又煞远，或曰八万四千里，未可知也。立八尺之
表，以候尺有五寸之景，寸当千里，则尺有五寸恰当三万里之
半。日去表有远近，故景之长短为可验也。历家言天左旋，日
月星辰右行，非也。其实天左旋，日月星辰亦皆左旋。但天之
行疾如日，天一日一周，更挨过一度，日一日一周，恰无赢缩，
以月受日光为可见。月之望，正是日在地中，月在天中，所以
日光到月，四伴更无亏欠；唯中心有少压翳处，是地有影蔽者
尔。及日月各在东西，则日光到月者止及其半，故为上弦；又
减其半，则为下弦；逐夜增减，皆以此推。地在天中，不为甚
大，只将日月行度折算可知。天包乎地，其气极紧；试登极高
处验之，可见形气相催，紧束而成体，但中间气稍宽，所以容得

许多品物,若一例如此气紧,则人与物皆消磨矣!谓日月只是气到寅上则寅上自光,气到卯上则卯上自光者,亦未必然。既曰日月,则自是各有一物,方始各有一名。星光亦受于日,但其体微尔。五星之色各异,观其色,则金木水火之名可辩。众星光芒闪烁,五星独不如此。众星亦皆左旋,唯北辰不动,在北极五星之旁一小星是也。盖此星独居天轴,四面如轮盘,环绕旋转,此独为天之枢纽是也。日月薄蚀,只是二者交会处;二者紧合,所以其光掩没,在朔则为日食,在望则为月蚀,所谓"纾前缩后,近一远三"。如自东而西,渐次相近,或日行月之旁,月行日之旁,不相掩者皆不蚀。唯月行日外而掩日于内,则为日蚀;日行月外而掩月于内,则为月蚀。所蚀分数,亦推其所掩之多少而已。谟。

日月升降三万里中,谓夏至谓冬至,其间黄道相去三万里。夏至黄道高,冬至黄道低。伊川误认作东西相去之数。形器之物,虽天地之大,亦有一定中处。伊川谓"天地无适而非中",非是。扬。

先生论及玑衡及黄赤道日月躔度,潘子善言:"嵩山本不当天之中,为是天形欹侧,遂当其中耳。"曰:"嵩山不是天之中,乃是地之中;黄道赤道皆在嵩山之北。南极北极,天之枢纽,只有此处不动,如磨脐然。此是天之中至极处,如人之脐带也。"铢。

"《周髀》法谓极当天中,日月绕天而行,远而不可见者为尽。此说不是。"问:"《论语或问》中云:'南极低入地三十六度,北极高出地三十六度。'如何?"曰:"圆径七十二度,极正居其中。《尧典疏义》甚详。"德明。

季通尝设一问云："极星只在天中,而东西南北皆取正于极,而极星皆在其上,何也?"某无以答。后思之,只是极星便是北,而天则无定位。义刚。

南极在下七十二度,常隐不见。《唐书》说,有人至海上,见南极下有数大星甚明。此亦在七十二度之内。义刚。

月体常圆无阙,但常受日光为明。初三、四是日在下照,月在西边明,人在这边望,只见在弦光。十五、六则日在地下,其光由地四边而射出,月被其光而明;月中是地影。月,古今人皆言有阙,惟沈存中云无阙。扬。

"月无盈阙,人看得有盈阙。盖晦日则月与日相叠了,至初三方渐渐离开去,人在下面侧看见,则其光阙。至望日则月与日正相对,人在中间正看见,则其光方圆。"因云:"《礼运》言:'播五行于四时,和而后月生也。'如此,则气不和时便无月,恐无此理。其云'三五而盈,三五而阙',彼必不曾以理推之。若以理推之,则无有盈阙也。毕竟古人推究事物,似亦不甚子细。"或云:"恐是说元初有月时。"曰:"也说不得。"焘。

问"弦望之义",曰:"上弦是月盈及一半,如弓之上弦;下弦是月亏了一半,如弓之下弦。"又问:"是四分取半否?"曰:"如二分二至,也是四分取半。"因说:"历家谓'纡前缩后,近一远三',以天之围言之,上弦与下弦时,月日相看,皆四分天之一。"侗。

问:"月本无光,受日而有光。季通云:'日在地中,月行天上。所以光者,以日气从地四旁周围空处迸出,故月受其光。'"先生曰:"若不如此,月何缘受得日光? 方合朔时,日在上,月在下,则月面向天者有光,向地者无光,故人不见。及至望时,月面向人者有光,向天者无光,故见其圆满。若至弦时,所谓'近一远三',只合有许多光。"又云:"月常有一半光。月似水,日照之,则水面光倒射壁上,乃月照也。"问:"星受日光否?"曰:"星恐自有光。"德明。

问:"月受日光,只是得一边光?"曰:"日月相会时,日在月上,不是无光,光都载在上面一边,故地上无光。到得日月渐渐相远时,渐擦挫,月光渐渐见于下。到得望时,月光浑在下面一边。望后又渐渐光向上去。"胡泳。

或问:"月中黑影是地影否?"曰:"前辈有此说,看来理或有之。然非地影,乃是地形倒去遮了他光耳。如镜子中被一物遮住其光,故不甚见也。盖日以其光加月之魄,中间地是一块实底物事,故光照不透而有此黑晕也。"问:"日光从四边射入月光,何预地事,而碍其光?"曰:"终是被这一块实底物事隔住,故微有碍耳。"或录云:今人剪纸人贴镜中,以火光照之,则壁上圆光中有一人。月为地所碍,其黑晕亦犹是耳。

康节谓:"日,太阳也;月,少阴也;星,少阳也;辰,太阴也。辰(编者注:辰上原有星字)非星也。"又曰:"辰弗集于房。"房者,舍也;故十二辰亦谓之十二舍。上"辰"字谓日月也,所谓三辰。北斗去辰争十二来度。日蚀是日月会合处;月合在日之下,或反在上,故蚀。月蚀是日月正相照;伊川谓月不受日光,意亦相近。盖阴盛亢阳,而不少让阳故也。又曰:"日月会合,故初一初二,月全无光;初三渐开,方微有弦上光,是哉生明也。开后渐亦光，至望则相对，故圆。此后复渐相近，至晦则复合，故暗。月之所以亏盈者此也。"伯羽。

问："自古以日月之蚀为灾异。如今历家却自预先算得，是如何？"曰："只大约可算，亦自有不合处。有历家以为当食而不食者，有以为不当食而食者。"木之。

历家之说，谓日光以望时遥夺月光，故月食；日月交会，日为月掩，则日食。然圣人不言月蚀日，而以"有食"为文者，阙于所不见。闳祖。

日食是为月所掩，月食是与日争敌。月饶日些子，方好无食。扬。

日月交蚀。暗虚。〇道夫。

"遇险"，谓日月相遇，阳遇阴为险也。振。

日月食皆是阴阳气衰。徽庙朝曾下诏书，言此定数，不足为灾异，古人皆不晓历之故。扬。

横渠言："日月五星亦随天转。"如二十八宿随天而定，皆有光芒；五星逆行而动，无光芒。扬。

纬星是阴中之阳，经星是阳中之阴。盖五星皆是地上木火土金水之气上结而成，却受日光。经星却是阳气之余凝结者，疑得也受日光。但经星则闪烁开阖，其光不定。纬星则不然，纵有芒角，其本体之光亦自不动，细视之可见。僩。

莫要说水星。盖水星贴着日行，故半月日见。泳。

夜明多是星月。早日欲上未上之际，已先铄退了星月之光，然日光犹未上，故天欲明时，一霎时暗。扬。

星有堕地其光烛天而散者，有变为石者。扬。

分野之说始见于春秋时,而详于《汉志》。然今《左传》所载大火辰星之说,又却只因其国之先曾主二星之祀而已,是时又未有所谓赵魏晋者。然后来占星者又却多验,殊不可晓。广。

叔重问"星图",曰:"星图甚多,只是难得似。圆图说得顶好,天弯,纸却平。方图又却两头放小不得。"又曰:"那个物事两头小,中心涨。"又曰:"三百六十五度四分度之一,想见只是说赤道。两头小,必无三百六十五度四分之一。"节。

风只如天相似,不住旋转。今此处无风,盖或旋在那边,或旋在上面,都不可知。如夏多南风,冬多北风,此亦可见。广。

霜只是露结成,雪只是雨结成。古人说露是星月之气,不然。今高山顶上虽晴亦无露,露只是自下蒸上。人言极西高山上亦无雨雪。广。

"高山无霜露,却有雪。某尝登云谷,晨起穿林薄中,并无露水沾衣,但见烟霞在下,茫然如大洋海,众山仅露峰尖,烟云环绕往来,山如移动,天下之奇观也!"或问:"高山无霜露,其理如何?"曰:"上面气渐清,风渐紧,虽微有雾气,都吹散了,所以不结。若雪,则只是雨遇寒而凝,故高寒处雪先结也。道家有高处有万里刚风之说,便是那里气清紧。低处则气浊,故缓散。想得高山更上去,立人不住了,那里气又紧故也。《离骚》有九天之说,注家妄解,云有九天;据某观之,只是九重。盖天运行有许多重数,以手画图晕,自内绕出至外,其数九。里面重数较软,至外面则渐硬,想到第九重,只成硬壳相似,那里转得又愈紧矣。"僩。

雪花所以必六出者，盖只是霰下，被猛风拍开，故成六出。如人掷一团烂泥于地，泥必溅开成棱瓣也。又，六者阴数，大阴玄精石亦六棱，盖天地自然之数。僩。

问"龙行雨之说"，曰："龙，水物也。其出而与阳气交蒸，故能成雨。但寻常雨自是阴阳气蒸郁而成，非必龙之为也。'密云不雨，尚往也'，盖止是下气上升，所以未能雨。必是上气蔽盖无发泄处，方能有雨。横渠《正蒙》论风雷云雨之说最分晓。"木之。

问："雷电，程子曰：'只是气相摩轧。'是否？"曰："然。""或以为有神物。"曰："气聚则须有，然才过便散。如雷斧之类，亦是气聚而成者。但已有渣滓，便散不得，此亦属'成之者性'。张子云：'其来也，几微易简；其究也，广大坚固。'即此理也。"儓。

雷如今之爆杖，盖郁积之极而迸散者也。方子。

十月雷鸣。曰："恐发动了阳气。所以大雪为丰年之兆者，雪非丰年，盖为凝结得阳气在地，来年发达生长万物。"敬仲。

雷虽只是气，但有气便有形。如螺蛛本只是薄雨为日所照成影，然亦有形，能吸水，吸酒。人家有此，或为妖，或为祥。义刚。

虹非能止雨也，而雨气至是已薄，亦是日色射散雨气了。扬。

伊川说："世间人说雹是蜥蜴做，初恐无是理。"看来亦有之。只谓之全是蜥蜴做，则不可耳。自有是上面结作成底，也有是蜥蜴做底，某少见十九伯说亲见如此。记在别录。十九伯诚确人，语必不妄。又，此间王三哥之祖参议者云，尝登五台山，山极高寒，盛夏携绵被去，寺僧曰："官人带被来少。"王甚怪之。寺僧又为借得三两条与之。中夜之间寒甚，拥数床绵被，犹不暖。盖山顶皆蜥蜴含水，吐之为雹。少间，风雨大作，所吐之雹皆不见。明日下山，则见人言，昨夜雹大作。问，皆如寺中所见者。又，《夷坚志》中载刘法师者，后居隆兴府西山修道。山多蜥蜴，皆如手臂大，与之饼饵，皆食。一日，忽领无限蜥蜴入庵，井中之水皆为饮尽；饮干，即吐为雹，已而风雨大作，所吐之雹皆不见。明日下山，则人言所下之雹皆如蜥蜴所吐者。蜥蜴形状亦如龙，是阴属。是这气相感应，使作得他如此。正是阴阳交争之时，所以下雹时必寒。今雹之两头皆尖，有棱道。疑得初间圆，上面阴阳交争，打得如此碎了。"雹"字从"雨"从"包"，是这气包住，所以为雹也。

古今历家只推算得个阴阳消长界分耳。人杰。○历。

太史公《历书》是说太初，然却是颛顼《四分历》。刘歆作《三统历》。唐一行《大衍历》最详备，五代王朴《司天考》亦简严。然一行、王朴之历，皆止用之二三年即差。王朴历是七百二十加去，季通所用，却依康节三百六十数。人杰。

今之造历者无定法，只是赶趁天之行度以求合，或过则损，不及则益，所以多差。因言：古之钟律纽算，寸分毫厘丝忽皆有定法，如合符契，皆自然而然，莫知所起。古之圣人，其思之如是之巧，然皆非私意撰为之也。意古之历书，亦必有一定之法,而今亡矣。三代而下,造历者纷纷莫有定议,愈精愈密而愈多差,由不得古人一定之法也。季通尝言:"天之运无常。日月星辰积气,皆动物也。其行度疾速,或过不及,自是不齐。使我之法能运乎天,而不为天之所运,则其疏密迟速,或过不及之间,不出乎我。此虚宽之大数纵有差忒,皆可推而不失矣。何者?以我法之有定而律彼之无定,自无差也。"季通言非是。天运无定,乃其行度如此,其行之差处亦是常度。但后之造历者,其为数窄狭,而不足以包之尔。偶。

问:"历法何以推月之大小?"曰:"只是以每月二十九日半,六百四十分日之二十九计之,观其合朔为如何。如前月大,则后月初二日月生明;前月小,则后月初三日月生明。"人杰。

闰余生于朔不尽周天之气。周天之气,谓二十四气也。月有大小,朔不得尽此气,而一岁日子足矣,故置闰。扬。

中气只在本月。若趱得中气在月尽,后月便当置闰。人杰。

沈存中欲以节气定晦朔,不知交节之时适在亥,此日当如何分? 方子。

或说"历四废日",曰:"只是言相胜者:春是庚辛日,秋是甲乙日。温公《潜虚》亦是此意。"人杰。

五子六甲,二五为干,二六为支。人杰。

先在先生处见一书,先立春,次惊蛰,次雨水,次春分,次谷雨,次清明。云:"《汉历》也。"扬。

子升问:"人言房中历与中国历差一日,是否?"曰:"只如子正四刻方属今日，子初自属昨日。今人才交子时，便唤做今日。如此亦便差一日。"木之。

历数微眇，如今下漏一般。漏管稍涩，则必后天；稍阔，则必先天，未子而子，未午而午。渊。

历法，季通说："当先论天行，次及七政。"此亦未善。要当先论太虚，以见三百六十五度四分度之一，一一定位，然后论天行，以见天度加损虚度之岁分。岁分既定，然后七政乃可齐耳。道夫。

或问："季通历法未是？"曰："这都未理会得。而今须是也会布算，也学得似他了，把去推测，方见得他是与不是。而今某自不曾理会得，如何说得他是与不是。这也是康节说恁地。若错时，也是康节错了。只是觉得自古以来，无一个人考得到这处。然也只在《史记》《汉书》上，自是人不去考。司马迁、班固、刘向父子、杜佑说都一同，不解都不是。"贺孙。

陈得一《统元历》，绍兴七八年间作。又云：局中暗用《纪元历》，以《统元》为名。文蔚。

浑仪可取，盖天不可用。试令主盖天者做一样子，如何做？只似个雨伞，不知如何与地相附着。若浑天，须做得个浑天来。贺孙。○或录云：有能说盖天者，欲令作一盖天仪，不知可否。或云似伞样，如此，则四旁须有漏风处，故不若浑天之可为仪也。

先生尝言："数家有大小阳九。"道夫问："果尔，则有国有家者何贵乎修治？"曰："在我者过得他一二分，便足以胜之。"道夫。○数。

问："周公定豫州为天地之中，东西南北各五千里。今北边无极，而南方交趾便际海，道里长短复殊，何以云各五千里？"曰："此但以中国地段四方相去言之，未说到极边与际海处。南边虽近海，然地形则未尽。如海外有岛夷诸国，则地犹连属。彼处海犹有底，至海无底处，地形方尽。周公以土圭测天地之中，则豫州为中，而南北东西际天各远许多。至于北远而南近，则地形有偏尔，所谓'地不满东南'也。《禹贡》言东西南北各二千五百里，不知周公何以言五千里。今视中国，四方相去无五千里，想他周公且恁大说教好看。如尧、舜所都冀州之地，去北方甚近。是时中国土地甚狭，想只是略相羁縻。至夏商已后，渐渐开辟。如三苗只在今洞庭、彭蠡、湖湘之间，彼时中国已不能到，三苗所以也负固不服。"后来又见先生说："昆仑取中国五万里，此为天地之中。中国在东南，未必有五万里。尝见佛经说昆仑山顶有阿耨大池，水流四面去，其东南入中国者为黄河，其二方流为弱水黑水之类。"又曰："自古无人穷至北海，想北海只挨着天壳边过。缘北边地长，其势北海不甚阔。地之下与地之四边皆海水周流，地浮水上，与天接，天包水与地。"问："天有形质否？"曰："无。只是气旋转得紧，如急风然，至上面极高处转得愈紧。若转才慢，则地便脱坠矣！"问："星辰有形质否？"曰："无。只是气之精英凝聚者。"或云："如灯花否？"曰："然。"偁。○地理。

人言北方土地高燥，恐暑月亦蒸湿。何以言之？《月令》云："是月也，土润溽暑，天气下降，地气上腾。"想得春夏间天转稍慢，故气候缓散昏昏然，而南方为尤甚。至秋冬，则天转益急，故气候清明，宇宙澄旷。所以说天高气清，以其转急而气紧也。侗。

"海那岸便与天接。"或疑百川赴海而海不溢,曰:"盖是干了。有人见海边作旋涡吸水下去者。"直卿云:"程子大炉鞴之说好。"○方子。

海水无边,那边只是气蓄得在。扬。

海水未尝溢者,庄周所谓"沃焦土"是也。德明。

潮之迟速大小自有常。旧见明州人说,月加子午则潮长,自有此理。沈存中《笔谈》说亦如此。德明。

陆子静谓潮是子午月长,沈存中《续笔谈》之说亦如此,谓月在地子午之方,初一卯,十五酉。方子。

蔡伯靖曰:"山本同而末异,水本异而末同。"义刚。

问:"先生前日言水随山行,何以验之?"曰:"外面底水在山下,中间底水在脊上行。"因以指为喻,曰:"外面底水在指缝中行,中间底水在指头上行。"又曰:"山下有水;今浚井底人亦看山脉。"节。

冀都是正天地中间,好个风水。山脉从云中发来,云中正高脊处。自脊以西之水,则西流入于龙门西河;自脊以东之水,则东流入于海。前面一条黄河环绕,右畔是华山耸立,为虎。自华来至中,为嵩山,是为前案。遂过去为泰山,耸于左,是为龙。淮南诸山是第二重案。江南诸山及五岭,又为第三四重案。淳。○义刚同。

尧都中原,风水极佳。左河东,太行诸山相绕,海岛诸山亦皆相向。右河南绕,直至泰山凑海。第二重自蜀中出湖南,出庐山诸山。第三重自五岭至明越。又黑水之类,自北缠绕至南海。泉州常平司有一大图,甚佳。扬。

河东地形极好,乃尧、舜、禹故都,今晋州河中府是也。左右多山,黄河绕之,嵩、华列其前。广。

上党即今潞州,春秋赤狄潞氏,即其地也。以其地极高,与天为党,故曰上党。上党,太行山之极高处。平阳晋州蒲坂,山之尽头,尧、舜之所都也。河东河北诸州,如太原晋阳等处,皆在山之两边棐中。山极高阔。伊川云:"太行千里一块石。"山后是忻代诸州。泰山却是太行之虎山。又问:"平阳蒲坂,自尧、舜后何故无人建都?"曰:"其地硗瘠不生物,人民朴陋俭啬,故惟尧、舜能都之。后世侈泰,如何都得。"佃。

河东河北皆绕太行山。尧、舜、禹所都,皆在太行下。扬。

太行山一千里,河北诸州皆旋其趾。潞州上党在山脊最高处。过河便见太行在半天,如黑云然。扬。

或问:"天下之山西北最高?"曰:"然。自关中一支生下函谷,以至嵩山,东尽泰山,此是一支。又自嶓冢汉水之北生下一支,至扬州而尽。江南诸山则又自岷山分一支,以尽乎两浙闽广。"佃。

江西山皆自五岭赣上来,自南而北,故皆逆。闽中却是自北而南,故皆顺。扬。

闽中之山多自北来,水皆东南流。江浙之山多自南来,水多北流,故江浙冬寒夏热。佃。

仙霞岭在信州分水之右,其脊脉发去为临安,又发去为建康。义刚。

江西山水秀拔,生出人来便要硬做。升卿。

荆襄山川平旷,得天地之中,有中原气象,为东南交会处,耆旧人物多,最好卜居。但有变,则正是兵交之冲,又恐无噍类!义刚。

要作地理图三个样子:一写州名,一写县名,一写山川名。仍作图时,须用逐州正斜、长短、阔狭如其地形,糊纸叶子以剪。振。

或问"南北对境图",曰:"天下大川有二,止河与江。如淮亦小,只是中间起。房中混同江却是大川。"李德之问:"薛常州《九域图》如何?"曰:"其书细碎,不是著书手段。'予决九川,距四海'了,却逐旋爬疏小江水,令至川。此是大形势。"盖卿。

先生谓张侟云:"向于某人家看《华夷图》,因指某水云:'此水将有入淮之势。'其人曰:'今其势已自如此。'"先生因言:"河本东流入海,后来北流。当时亦有填河之议,今乃向南流矣。"力行。

"某说道:'后来黄河必与淮河相并。'伯恭说:'今已如此。'问他:'如何见得?'伯恭说:'见薛某说。'"又曰:"元丰间河北流,自后中原多事;后来南流,房人亦多事。近来又北流,见归正人说。"或录云:因看刘枢家《中原图》,黄河却自西南贯梁山泊,迤逦入淮来。神宗时,河北流,故房人盛;今却南来,故其势亦衰。又曰:"神宗时行淤田策,行得甚力。差官去监那个水,也是肥。只是未蒙其利,先有冲颓庐舍之患。"潘子善问:"如何可治河决之患?"曰:"汉人之策,令两旁不立城邑,不置民居,存留些地步与他,不与他争,放教他宽,教他水散漫,或流从这边,或流从那边，不似而今作堤去圩他。元帝时，募善治河决者。当时集众议，以此说为善。"又问："河决了，中心平处却低，如何？"曰："不会低，他自择一个低处去。"又问："雍州是九州那里高？"曰："那里无甚水。"又曰："《禹贡》亦不可考其次第，那如经量门簿？所谓门簿者，载此一都有田若干，有山若干。"节。

御河是太行之水，出来甚清。周世宗取三关，是从御河里去，三四十日取了。又曰：御河之水清见底。后来黄河水冲来，浊了。曰：河北流，是禹之故道。又曰：不是禹之故道，近禹之故道。节。

仲默问："有两汉水，如何有一水谓之西汉江？"曰："而今如阆州等处，便是东川。东川却有一支出来，便是西汉江，即所谓嘉陵江也。"义刚。

南康郡治，张齐贤所建，盖两江之咽喉。古人做事都有意思。又如利州路，却有一州在剑阁外。方子。

汉荆州刺史是守襄阳。魏晋以后，以江陵为荆州。节。

吴大年曰："吕蒙城在郢州。其城方，其中又有数重，形址如井，今犹存。"义刚。

道州即春陵。武帝封子为春陵王，后徙居邓州。至今邓州亦谓之春陵。义刚。

汉时人仕宦于瓜州者，更极前面亦有人往。长安西门至彼，九千九百九十九里。扬。

朱子论鬼神

[宋]朱　熹

　　因说鬼神，曰："鬼神事自是第二着。那个无形影，是难理会底，未消去理会，且就日用紧切处做工夫。子曰：'未能事人，焉能事鬼！未知生，焉知死！'此说尽了。此便是合理会底理会得，将间鬼神自有见处。若合理会底不理会，只管去理会没紧要底，将间都没理会了。"淳。○义刚问目别出。

　　义刚将鬼神问目呈毕，先生曰："此事自是第二着。'未能事人，焉能事鬼！'此说尽了。今且须去理会眼前事，那个鬼神事，无形无影，莫要枉费心力。理会得那个来时，将久我着实处皆不晓得。所谓'《诗》《书》执礼，皆雅言也'，这个皆是面前事，做得一件，便是一件。如《易》，便自难理会了。而今只据我恁地推测，不知是与不是，亦须逐一去看。然到极处，不过只是这个。"义刚。

　　或问"鬼神有无"，曰："此岂卒乍可说！便说，公亦岂能信得及。须于众理看得渐明，则此惑自解。'樊迟问知，子曰："务民之义，敬鬼神而远之，可谓知矣。"'人且理会合当理会底事，其理会未得底，且推向一边。待日用常行处理会得透，则鬼神之理将自见得，乃所以为知也。'未能事人，焉能事鬼！'意亦如此。"必大。

天下大底事，自有个大底根本；小底事，亦自有个紧切处。若见得天下亦无甚事。如鬼神之事，圣贤说得甚分明，只将《礼》熟读便见。二程初不说无鬼神，但无而今世俗所谓鬼神耳。古来圣人所制祭祀，皆是他见得天地之理如此。去伪。

神，伸也；鬼，屈也。如风雨雷电初发时，神也；及至风止雨过，雷住电息，则鬼也。

鬼神不过阴阳消长而已。亭毒化育，风雨晦冥，皆是。在人则精是魄，魄者鬼之盛也；气是魂，魂者神之盛也。精气聚而为物，何物而无鬼神？"游魂为变"，魂游则魄之降可知。升卿。

鬼神只是气。屈伸往来者，气也。天地间无非气。人之气与天地之气常相接，无间断，人自不见。人心才动，必达于气，便与这屈伸往来者相感通。如卜筮之类，皆是心自有此物，只说你心上事，才动必应也。恪。

问："鬼神便只是此气否？"曰："又是这气里面神灵相似。"焘。

问："先生说'鬼神自有界分'，如何？"曰："如日为神，夜为鬼；生为神，死为鬼，岂不是界分？"义刚。

叔器问："先生前说'日为神，夜为鬼，所以鬼夜出'，如何？"曰："间有然者，亦不能皆然。夜属阴。且如妖鸟皆阴类，皆是夜鸣。"义刚。○淳同。

雨风露雷，日月昼夜，此鬼神之迹也，此是白日公平正直之鬼神。若所谓"有啸于梁，触于胸"，此则所谓不正邪暗，或有或无，或去或来，或聚或散者。又有所谓祷之而应，祈之而获，此亦所谓鬼神，同一理也。世间万事皆此理，但精粗小大之不同尔。又曰：以功用谓之鬼神，即此便见。道夫。

鬼神死生之理，定不如释家所云，世俗所见。然又有其事昭昭，不可以理推者，此等处且莫要理会。扬。

因说神怪事，曰："人心平铺着便好，若做弄，便有鬼怪出来。"方。

"理有明未尽处，如何得意诚？且如鬼神事，今是有是无？"因说张仲隆曾至金沙堤，见巨人迹，"此是如何？"扬谓："册子说并人传说，皆不可信，须是亲见。扬平昔见册子上并人说得满头满耳，只是都不曾自见。"先生曰："只是公不曾见。毕竟其理如何？南轩亦只是硬不信，有时戏说一二。如禹鼎铸魑魅魍魉之属，便是有这物。深山大泽，是彼所居处，人往占之，岂不为祟？邵先生语程先生：'世间有一般不有不无底人马。'程难之，谓：'鞍辔之类何处得？'如邵意，则是亦以为有之。邵又言：'蜥蜴造雹。'程言：'雹有大者，彼岂能为之？'豫章曾有一刘道人，尝居一山顶结庵。一日，众蜥蜴入来，如手臂大，不怕人，人以手抚之。尽吃庵中水，少顷庵外皆堆成雹。明日，山下果有雹。此则是册子上所载。有一妻伯刘丈，致中兄。其人甚朴实，不能妄语，云：'尝过一岭，稍晚了，急行。忽闻溪边林中响甚，往看之，乃无，止蜥蜴在林中，各把一物如水晶。看了，去未数里，下雹。'此理又不知如何。造化若用此物为雹，则造化亦小矣。又南剑邓德喻尝为一人言：'尝至余杭大涤山中，常有龙骨，人往来取之。未入山洞，见一阵青烟出。少顷，一阵火出。少顷，一龙出，一鬼随后。'大段尽人事，见得破方是。不然不信，中有一点疑在，终不得。又如前生后生，死复为人之说，亦须要见得破。"又云："南轩拆庙，次第亦未到此。须是使民知信，末梢无疑，始得。不然，民倚神为主，拆了转使民信向怨望。旧有一邑，泥塑一大佛，一方尊信之。后被一无状宗子断其首，民聚哭之，颈上泥木出舍利。泥木岂有此物？只是人心所致。"先生谓一僧云。问："龙行雨如何？"曰："不是龙口中吐出。只是龙行时，便有雨随之。刘禹锡亦尝言，有人在一高山上，见山下雷神龙鬼之类行雨。此等之类无限，实要见得破。"问："'敬鬼神而远之'，则亦是言有，但当敬而远之，自尽其道，便不相关。"曰："圣人便说只是如此。尝以此理问李先生，曰：'此处不须理会。'"先生因曰："蜥蜴为雹，亦有如此者，非是雹必要此物为之也。"扬。

　　因论薛士龙家见鬼，曰："世之信鬼神者，皆谓实有在天地间；其不信者，断然以为无鬼。然却又有真个见者。郑景望遂以薛氏所见为实理，不知此特虹霓之类耳。"必大因问："虹霓只是气，还有形质？"曰："既能啜水，亦必有肠肚。只才散，便无了。如雷部神物，亦此类。"必大。

　　因说鬼怪，曰："'木之精夔魍魉'，夔只一脚；魍魉，古有此语，若果有，必是此物。"淳。

　　气聚则生，气散则死。泳。○以下并在人鬼神，兼论精神魂魄。

　　问："死生有无之说，人多惑之。"曰："不须如此疑，且作无主张。"因问："识环记井之事，古复有此，何也？"曰："此又别有说话。"力行。

问"生死鬼神之理"，明作录云：问："鬼神生死，虽知得是一理，然未见得端的。"曰："精气为物，游魂为变，便是生死底道理。"未达。曰："精气凝则为人，散则为鬼。"又问："精气凝时，此理便附在气上否？"曰："天道流行，发育万物，有理而后有气。虽是一时都有，毕竟以理为主，人得之以有生。明作录云：然气则有清浊。气之清者为气，浊者为质。明作录云：清者属阳，浊者属阴。知觉运动，阳之为也；形体，明作录作"骨肉皮毛"。阴之为也。气曰魂，体曰魄。高诱《淮南子注》曰：'魂者，阳之神；魄者，阴之神。'所谓神者，以其主乎形气也。人所以生，精气聚也。人只有许多气，须有个尽时；明作录云：医家所谓阴阳不升降是也。尽则魂气归于天，形魄归于地而死矣。人将死时，热气上出，所谓魂升也；下体渐冷，所谓魄降也。此所以有生必有死，有始必有终也。夫聚散者，气也。若理，则只泊在气上，初不是凝结自为一物。但人分上所合当然者便是理，不可以聚散言也。然人死虽终归于散，然亦未便散尽，故祭祀有感格之理。先祖世次远者，气之有无不可知。然奉祭祀者既是他子孙，必竟只是一气，所以有感通之理。然已散者不复聚。释氏却谓人死为鬼，鬼复为人。如此，则天地间常只是许多人来来去去，更不由造化生生，必无是理。至如伯有为厉，伊川谓别是一般道理。盖其人气未当尽而强死，自是能为厉。子产为之立后，使有所归，遂不为厉，亦可谓知鬼神之情状矣。"问："伊川言'鬼神造化之迹'，此岂亦造化之迹乎？"曰："皆是也。若论正理，则似树上忽生出花叶，此便是造化之迹。又加空中忽然有雷霆风雨，皆是也。但人所常见，故不之怪。忽闻鬼啸、鬼火之属，则便以为怪。不知此亦造化之迹，但不是正理，故为怪异。如《家语》云：'山之怪曰夔魍魉，水之怪曰龙罔象，土之怪羵羊。'皆是气之杂揉乖戾所生，亦非理之所无也，专以为无则不可。如冬寒夏热，此理之正也。有时忽然夏寒冬热，岂可谓无此理？但既非理之常，便谓之怪。孔子所以不语，学者亦未须理会也。"因举似南轩不信鬼神而言。○闳祖。○赐录云：问："民受天地之中以生，中是气否？"曰："中是理，理便是仁义礼智，曷尝有形象来？凡无形者谓之理；若气，则谓之生也。清者是气，浊者是形。气是魂，谓之精；血是魄，谓之质。所谓'精气为物'，须是此两个相交感，便能成物。'游魂为变'，则所谓气至此已尽。魂升于天，魄降于地，阳者气也，归于天；阴者质也，魄也，降于地，谓之死也。知生则便知死，只是此理。夫子告子路，非拒之，是先后节次如此。"因说鬼神造化之迹，且如起风做雨，震雷花生，始便有终也。又问："人死则魂魄升降，日渐散而不复聚矣。然人之祀祖先，却有所谓'来假来享'，此理如何？"曰："若是诚心感格，彼之魂气未尽散，岂不来享？"又问："如周以后稷为始祖，以帝喾为所自出之帝，子孙相去未远，尚可感格。至于成、康以后千有余年，岂复有未散者而来享之乎？"曰："夫聚散者，气也。若理，则只泊在气上，初不是凝结为一物而为性也。但人分上所合当者，便是理。气有聚散，理则不可以聚散言也。人死，气亦未便散得尽，故祭祖先有感格之理。若世次久远，气之有无不可知。然奉祭祀者既是他子孙，必竟只是这一气相传下来，若能极其诚敬，则亦有感通之理。释氏谓人死为鬼，鬼复为人。如此，则天地间只是许多人来来去去，更不由造化，生生都废，却无是理也。"曰："然则羊叔子识环之事非邪？"曰："史传此等事极多，要之不足信。便有，也不是正理。"又问："世之见鬼神者甚多，不审有无如何？”曰：“世间人见者极多，岂可谓无？但非正理耳。如伯有为厉，伊川谓别是一理。盖其人气未当尽而强死，魂魄无所归，自是如此。昔有人在淮上夜行，见无数形象，似人非人，旁午克斥，出没于两水之间，久之，累累不绝。此人明知其鬼，不得已，跃跳之，冲之而过之下，却无碍。然亦无他。询之，此地乃昔人战场也。彼皆死于非命，衔冤抱恨，固宜未散。”又问：“‘知鬼神之情状’，何缘知得？”曰：“伯有为厉，子产为之立后，使有所归，遂不为厉，可谓‘知鬼神之情状’矣。”又问：“伊川言：‘鬼神者，造化之迹。’此岂为造化之迹乎？”曰：“若论正理，则庭前树木，数日春风便开花，此岂非造化之迹？又如雷霆风雨，皆是也。但人常见，故不知怪。忽闻鬼叫，则以为怪。不知此亦是造化之迹，但非理之正耳。”又问：“世人多为精怪迷惑，如何？”曰：“《家语》曰：‘山之怪曰夔魍魉，水之怪曰龙罔象，土之怪羵羊。’皆是气之杂揉乖乱所生，专以为无则不可。如冬寒夏热，春荣秋枯，此理之正也。忽冬月开一朵花，岂可谓无此理？但非正耳，故谓之怪。孔子所以不语，学者未须理会也。”坐间或云：“乡间有李三者，死而为厉，乡曲凡有祭祀佛事，必设此人一分。或设黄箓大醮，不曾设他一分，斋食尽为所污。后因为人放爆杖，焚其所依之树，自是遂绝。”曰：“是他枉死，气未散，被爆杖惊散了。设醮请天地山川神祇，却被小鬼污却，以此见设醮无此理也。”○明作录云：如起风做雨，震雷闪电，花生花结，非有神而何？自不察耳。才见说鬼事，便以为怪。世间自有个道理如此，不可谓无，特非造化之正耳。此为得阴阳不正之气，不须惊惑。所以夫子不语怪，以其明有此事，特不语耳。南轩说无，便不是。余同。

才卿问：“来而伸者为神，往而屈者为鬼。凡阴阳魂魄，人之嘘吸皆然；不独死者为鬼，生者为神。故横渠云：‘神祇者归之始，归往者来之终。’”曰：“此二句，正如俗语骂鬼云：‘你是已死我，我是未死你。’《楚词》中说终古，亦是此义。”“去终古之所之兮，今逍遥而来东。羌灵魂之欲归兮，何须臾而忘反！"用之云："既屈之中，恐又自有屈伸。"曰："祭祀致得鬼神来格，便是就既屈之气又能伸也。"偰问："魂气则能既屈而伸，若祭祀来格是也。若魄既死，恐不能复伸矣。"曰："也能伸，盖他来则俱来。如祭祀报魂报魄，求之四方上下，便是皆有感格之理。"用之问："'游魂为变'，圣愚皆一否？"曰："然。"偰问："'天神地祇人鬼'，地何以曰'祇'？"曰："'祇'字只是'示'字。盖天垂三辰以著象，如日月星辰是也。地亦显山川草木以示人，所以曰'地示'。"用之云："人之祷天地山川，是以我之有感彼之有。子孙之祭先祖，是以我之有感他之无。"曰："神祇之气常屈伸而不已，人鬼之气则消散而无余矣。其消散亦有久速之异。人有不伏其死者，所以既死而此气不散，为妖为怪。如人之凶死，及僧道既死，多不散。僧道务养精神，所以凝聚不散。若圣贤则安于死，岂有不散而为神怪者乎？如黄帝、尧、舜，不闻其既死而为灵怪也。尝见辅汉卿说：'某人死，其气温温然，熏蒸满室，数日不散。'是他气盛，所以如此。刘元城死时，风雷轰于正寝，云雾晦冥，少顷辩色，而公已端坐薨矣。他是什么样气魄！"用之曰："莫是元城忠诚，感动天地之气否？"曰："只是元城之气自散尔。他养得此气刚大，所以散时如此。《祭义》云：'其气发扬于上，为昭明、焄蒿、凄怆，此百物之精也。'此数句说尽了。人死时，其魂气发扬于上。昭明，是人死时自有一般光景；焄蒿，即前所云'温温之气'也；凄怆，是一般肃然之气，令人凄怆，如汉武帝时'神君来则风肃然'是也。此皆万物之精，既死而散也。"偰。○淳录云：问："'其气发扬于上'，何谓也?"曰:"人气本腾上,这下面尽,则只管腾上去。如火之烟,这下面薪尽,则烟只管腾上去。"淳云:"终久必消了。"曰:"然。"

问:"鬼神便是精神魂魄,如何?"曰:"然。且就这一身看,自会笑语,有许多聪明知识,这是如何得恁地?虚空之中,忽然有风有雨,忽然有雷有电,这是如何得恁地?这都是阴阳相感,都是鬼神。看得到这里,见一身只是个躯壳在这里,内外无非天地阴阳之气。所以夜来说道,'天地之塞,吾其体;天地之帅,吾其性',思量来只是一个道理。"又云:"如鱼之在水,外面水便是肚里面水。鳜鱼肚里水与鲤鱼肚里水,只一般。"仁父问:"魂魄如何是阴阳?"曰:"魂如火,魄如水。"贺孙。

因言魂魄鬼神之说,曰:"只今生人,便自一半是神,一半是鬼了。但未死以前,则神为主;已死之后,则鬼为主。纵横在这里。以屈伸往来之气言之,则来者为神,去者为鬼;以人身言之,则气为神而精为鬼。然其屈伸往来也各以渐。"僩。○饶录云:若以对待言,一半是气,一半是精。

问"魂魄",曰:"气质是实底;魂魄是半虚半实底;鬼神是虚分数多,实分数少底。"赐。

问"魂魄",曰:"魄是一点精气,气交时便有这神。魂是发扬出来底,如气之出入息。魄是如水,人之视能明,听能聪,心能强记底。有这魄,便有这神,不是外面入来。魄是精,魂是气,魄主静,魂主动。"又曰:"草木之生自有个神,它自不能生。在人则心便是,所谓'形既生矣,神发知矣'是也。"又问"生魄死魄",曰:"古人只说'三五而盈,三五而阙'。近时人方推得他所以圆阙，乃是魄受光处，魄未尝无也。人有魄先衰底，有魂先衰底。如某近来觉重听多忘，是魄先衰。"又曰："一片底便是分做两片底，两片底便是分作五片底。做这万物、四时、五行，只是从那太极中来。太极只是一个气，迤逦分做两个：气里面动底是阳，静底是阴。又分做五气，又散为万物。"植。

先儒言："口鼻之嘘吸为魂，耳目之聪明为魄。"也只说得大概。却更有个母子，这便是《坎》《离》水火。暖气便是魂，冷气便是魄。魂便是气之神，魄便是精之神；会思量讨度底便是魂，会记当去底便是魄。又曰：见于目而明，耳而聪者，是魄之用。老氏云载营魄，营是晶荧之义，魄是一个晶光坚凝物事。释氏之地水火风，其说云，人之死也，风火先散，则不能为祟。盖魂先散而魄尚存，只是消磨未尽，少间自塌了。若地水先散，而风火尚迟，则能为祟，盖魂气犹存尔。又曰：无魂，则魄不能以自存。今人多思虑役役，魂都与魄相离了。老氏便只要守得相合，所谓"致虚极，守静笃"，全然守在这里，不得动。又曰：专气致柔，不是"守"字，却是"专"字。便只是专在此，全不放出，气便细。若放些子出，便粗了也。

阴阳之始交，天一生水。物生始化曰魄；既生魄，暖者为魂。先有魄而后有魂，故魄常为主为干。偘。

人生初间是先有气；既成形，是魄在先。"形既生矣，神发知矣"，既有形后，方有精神知觉。子产曰："人生始化曰魄；既生魄，阳曰魂。"数句说得好。淳。

动者，魂也；静者，魄也。"动静"二字括尽魂魄。凡能运用作为,皆魂也,魄则不能也。今人之所以能运动,都是魂使之尔。魂若去,魄则不能也。今魄之所以能运,体便死矣。月之黑晕便是魄,其光者,乃日加之光耳,他本无光也,所以说"哉生魄","旁死魄"。庄子曰:"日火外影,金水内影。"此便是魂魄之说。佣。〇有脱误。

耳目之聪明为魄,魄是鬼。某自觉气盛则魄衰。童男童女死而魄先化。〇升卿。

魄是耳目之精,魂是口鼻呼吸之气。眼光落地,所谓"体魄则降"也。

或问:"口鼻呼吸者为魂,耳目之聪明为魄?"曰:"精气为物,魂乃精气中无形迹底。《淮南子注》云:'魂者,阳之神;魄者,阴之神。'释氏四大之说亦是窃见这意思。人之一身,皮肉之类皆属地,涕唾之类皆属水。暖气为火,运动为风。地水,阴也;火风,阳也。"

或问:"气之出入者为魂,耳目之聪明为魄。然则魄中复有魂,魂中复有魄耶?"曰:"精气周流,充满于一身之中,嘘吸聪明,乃其发而易见者耳。然既周流充满于一身之中,则鼻之知臭,口之知味,非魄乎?耳目之中皆有暖气,非魂乎?推之遍体,莫不皆然。佛书论四大处,似亦祖述此意。"问:"先生尝言,体魄自是二物。然则魂气亦为两物耶?"曰:"将魂气细推之,亦有精粗;但其为精粗也甚微,非若体魄之悬殊耳。"问:"以目言之,目之轮,体也;睛之明,魄也。耳则如何?"曰:"窍即体也,聪即魄也。"又问:"月魄之魄,岂只指其光而言之,而其轮则体耶?"曰:"月不可以体言,只有魂魄耳。月魄即其全体,而光处乃其魂之发也。"

魂属木,魄属金,所以说"三魂七魄",是金木之数也。

人之能思虑计画者,魂之为也;能记忆辩别者,魄之为也。侗。

"人有尽记得一生以来履历事者,此是智以藏往否?"曰:"此是魄强,所以记得多。"德明。

问:"魂气升于天,莫只是消散,其实无物归于天上否?"曰:"也是气散,只是才散便无。如火将灭,也有烟上,只是便散。盖缘木之性已尽,无以继之。人之将死,便气散,即是这里无个主子,一散便死。大率人之气常上,且如说话,气都出上去。"夔孙。

魂散,则魄便自沉了。今人说虎死则眼光入地,便是如此。

问:"人死时,是当初禀得许多气,气尽则无否?"曰:"是。"曰:"如此,则与天地造化不相干。"曰:"死生有命,当初禀得气时便定了,便是天地造化。只有许多气,能保之亦可延。且如我与人俱有十分,俱已用出二分,我才用出二分便收回,及收回二分时,那人已用出四分了,所以我便能少延,此即老氏作福意。老氏惟见此理,一向自私其身。"淳。

问:"黄寺丞云:'气散而非无。'泳窃谓人禀得阴阳五行之气以生,到死后,其气虽散,只反本还原去。"曰:"不须如此说。若说无,便是索性无了。惟其可以感格得来,故只说得散。要之,散也是无了。"问:"灯焰冲上,渐渐无去。要之不可谓之无,只是其气散在此一室之内。"曰:"只是他有子孙在，便是不可谓之无。"胡泳。

问："有人死而气不散者，何也？"曰："他是不伏死。如自刑自害者，皆是未伏死，又更聚得这精神。安于死者便自无，何曾见尧、舜做鬼来？"

死而气散，泯然无迹者，是其常。道理恁地。有托生者，是偶然聚得气不散，又怎生去凑着那生气，便再生，然非其常也。伊川云："《左传》伯有之为厉，又别是一理。"言非死生之常理也。人杰录略。

伯有为厉之事，自是一理，谓非生死之常理。人死则气散，理之常也。它却用物宏，取精多，族大而强死，故其气未散耳。赍。

光祖问："先生所答嵇卿书云云，如伊川又云：'伯有为厉，别是一理。'又如何？"曰："亦自有这般底。然亦多是不得其死，故强气未散。要之，久之亦不会不散。如漳州一件公事：妇杀夫，密埋之。后为祟，事才发觉，当时便不为祟。此事恐奏裁免死，遂于申诸司状上特批了。后妇人斩，与妇人通者绞。以是知刑狱里面这般事，若不与决罪偿命，则死者之冤必不解。"又曰："气久必散。人说神仙，一代说一项。汉世说甚安期生，至唐以来，则不见说了。又说钟离权、吕洞宾，而今又不见说了。看得来，他也只是养得分外寿考，然终久亦散了。"贺孙。

问："伯有之事别是一理，如何？"曰："是别是一理。人之所以病而终尽，则其气散矣。或遭刑，或忽然而死者，气犹聚而未散，然亦终于一散。释道所以自私其身者，便死时亦只是留其身不得，终是不甘心，死御冤愤者亦然，故其气皆不散。浦城山中有一道人，常在山中烧丹。后因一日出神，乃祝其人云："七日不返时，可烧我。"未满七日，其人焚之。后其道人归，叫骂取身，亦能于壁间写字，但是墨较淡，不久又无。"扬尝闻张天觉有一事亦然。邓隐峰一事亦然，其人只管讨身，隐峰云："说底是甚么？"其人悟，谢之而去。扬。

问："'游魂为变'，间有为妖孽者，是如何得未散？"曰："'游'字是渐渐散。若是为妖孽者，多是不得其死，其气未散，故郁结而成妖孽。若是尪羸病死底人，这气消耗尽了方死，岂复更郁结成妖孽？然不得其死者，久之亦散。如今打面做糊，中间自有成小块核不散底，久之渐渐也自会散。又如其取精多，其用物弘，如伯有者，亦是卒未散也。横渠曰：'物之初生，气日至而滋息；物生既盈，气日反而游散。至之谓神，以其伸也；反之谓鬼，以其归也。'天下万物万事自古及今，只是个阴阳消息屈伸。横渠将屈伸说得贯通。上蔡说，却似不说得循环意思。宰我曰：'吾闻鬼神之名，不知其所谓。'子曰：'气也者，神之盛也；魄也者，鬼之盛也。合鬼与神，教之至也。'注谓口鼻嘘吸为气，耳目聪明为魄。气属阳，魄属阴。而今有人说眼光落，这便是魄降。今人将死，有云魄落。若气，只升而散。故云：'魄气归于天，形魄归于地。'道家修养有这说，与此大段相合。"贺孙。

苌弘死三年而化为碧，此所谓魄也，如虎威之类。弘以忠死，故其气凝结如此。广。

"鬼神凭依言语，乃是依凭人之精神以发。"问："伊川记金山事如何？"曰："乃此婢子想出。"问："今人家多有怪者。"
曰："此乃魑魅魍魉之为。建州有一士人，行遇一人，只有一
脚，问某人家安在。与之同行，见一脚者入某人家。数日，其
家果死一子。"可学。

郑说："有人寤寐间见鬼通刺甚验者。"曰："如此，则是不
有不无底纸笔。"淳。

论及巫人治鬼，而鬼亦效巫人所为以敌之者，曰："后世人
心奸诈之甚，感得奸诈之气，做得鬼也奸巧。"淳。

厚之问："人死为禽兽，恐无此理。然亲见永春人家有子，
耳上有猪毛及猪皮，如何？"曰："此不足怪。向见籍溪供事一
兵，胸前有猪毛，睡时作猪鸣。此只是禀得猪气。"可学。

或问"鬼神"，曰："且类聚前辈说鬼神处看，要须自理会
得。且如祭天地祖考，直是求之冥漠。然祖考却去人未久，求
之似易。"先生又笑曰："如此说，又是作怪了也。"祖道。〇以下
论祭祀祖考、神示。

问："性即是理，不可以聚散言。聚而生，散而死者，气而
已。所谓精神魂魄，有知有觉者，气也；故聚则有，散则无。
若理则亘古今常存，不复有聚散消长也。"曰："只是这个天地
阴阳之气，人与万物皆得之。气聚则为人，散则为鬼。然其
气虽已散，这个天地阴阳之理生生而不穷。祖考之精神魂魄
虽已散，而子孙之精神魂魄自有些小相属；故祭祀之礼尽其
诚敬，便可以致得祖考之魂魄。这个自是难说，看既散后，一
似都无了，能尽其诚敬，便有感格，亦缘是理常只在这里也。"
贺孙。

问:"鬼神以祭祀而言。天地山川之属,分明是一气流通,而兼以理言之。人之先祖,则大概以理为主,而亦兼以气魄言之。若上古圣贤,则只是专以理言之否?"曰:"有是理,必有是气,不可分说。都是理,都是气。那个不是理? 那个不是气?"问:"上古圣贤所谓气者,只是天地间公共之气。若祖考精神,则毕竟是自家精神否?"曰:"祖考亦只是此公共之气。此身在天地间,便是理与气凝聚底。天子统摄天地,负荷天地间事,与天地相关,此心便与天地相通。不可道他是虚气,与我不相干。如诸侯不当祭天地,与天地不相关,便不能相通。圣贤道在万世,功在万世。今行圣贤之道,传圣贤之心,便是负荷这物事,此气便与他相通。如释奠列许多笾豆,设许多礼仪,不成是无此姑谩为之? 人家子孙负荷祖宗许多基业,此心便与祖考之心相通。《祭义》所谓'春禘秋尝'者,亦以春阳来则神亦来,秋阳退则神亦退,故于是时而设祭。初间圣人亦只是略为礼以达吾之诚意,后来遂加详密。"义刚。

自天地言之,只是一个气。自一身言之,我之气即祖先之气,亦只是一个气,所以才感必应。

周问:"何故天曰神,地曰祇,人曰鬼?"曰:"此又别。气之清明者为神,如日月星辰之类是也,此变化不可测。祇本'示'字,以有迹之可示,山河草木是也,比天象又差著。至人,则死为鬼矣。"又问:"既曰往为鬼,何故谓'祖考来格'?"曰:"此以感而言。所谓来格,亦略有些神底意思。以我之精神感彼之精神,盖谓此也;祭祀之礼全是如此。且'天子祭天地,诸侯祭山川,大夫祭五祀',皆是自家精神抵当得他

过，方能感召得他来。如诸侯祭天地，大夫祭山川，便没意思
了。"雉。

陈后之问："祖宗是天地间一个统气，因子孙祭享而聚
散？"曰："这便是上蔡所谓'若要有时，便有；若要无时，便
无'，是皆由乎人矣。鬼神是本有底物事；祖宗亦只是同此一
气，但有个总脑处。子孙这身在此，祖宗之气便在此，他是有
个血脉贯通。所以'神不歆非类，民不祀非族'，只为这气不
相关。如'天子祭天地，诸侯祭山川，大夫祭五祀'，虽不是我
祖宗，然天子者天下之主，诸侯者山川之主，大夫者五祀之主，
我主得他，便是他气又总统在我身上，如此便有个相关处。"义
刚。○淳同。

问："人之死也，不知魂魄便散否？"曰："固是散。"又问：
"子孙祭祀，却有感格者，如何？"曰："毕竟子孙是祖先之气，
他气虽散，他根却在这里；尽其诚敬，则亦能呼召得他气聚
在此。如水波样，后水非前水，后波非前波，然却通只是一水
波。子孙之气与祖考之气亦是如此，他那个当下自散了，然
他根却在这里，根既在此，又却能引聚得他那气在此。此事难
说，只要人自看得。"问：《下武》诗'三后在天'，先生解云：
'在天，言其既没而精神上合于天。'此是如何？"曰："便是又
有此理。"用之云："恐只是此理上合于天耳。"曰："既有此理，
便有此气。"或曰："想是圣人禀得清明纯粹之气，故其死也，
其气上合于天。"曰："也是如此。这事又微妙难说，要人自看
得。世间道理有正当易见者，又有变化无常不可窥测者，如此
方看得这个道理活。又如云：'文王陟降，在帝左右。'如今若

说文王真个在上帝之左右,真个有个上帝如世间所塑之像,固不可。然圣人如此说,便是有此理。如周公《金縢》中'乃立坛墠'一节,分明是对鬼。'若尔三王是有丕子之责于天,以旦代某之身。'此一段,先儒都解错了,只有晁以道说得好,他解'丕子之责'如史传中'责其侍子'之'责',盖云上帝责三王之侍子,侍子,指武王也,上帝责其来服事左右,故周公乞代其死云:'以旦代某之身。'言三王若有侍子之责于天,则不如以我代之,我多才多艺,能事上帝;武王不若我多才多艺,不能事鬼神,不如且留他在世上,定你之子孙与四方之民。文意如此。伊川却疑周公不应自说多才多艺,不是如此,他止是要代武王之死尔。"用之问:"先生《答廖子晦书》云:'气之已散者,既化而无有矣,而根于理而日生者,则固浩然而无穷也。故上蔡谓:"我之精神,即祖考之精神。"盖谓此也。'"问:"根于理而日生者浩然而无穷,此是说天地气化之气否?"曰:"此气只一般。《周礼》所谓'天神、地示、人鬼',虽有三样,其实只一般。若说有子孙底引得他气来,则不成无子孙底他气便绝无了?他血气虽不流传,他那个亦自浩然日生无穷。如《礼》书,诸侯因国之祭,祭其国之无主后者,如齐太公封于齐,便用祭甚爽鸠氏、季蒍、逢伯陵、蒲姑氏之属。盖他先主此国来,礼合祭他。然圣人制礼,惟继其国者,则合祭之;非在其国者,便不当祭。便是理合如此,道理合如此,便有此气,如晋侯(编者注:晋侯应作卫成公)梦康叔云:'相夺予飨。'盖晋(编者注:晋应作卫)后都帝丘,夏后相亦都帝丘,则都其国自合当祭;不祭,宜其如此。又如晋侯梦黄熊入寝门,以为鲧之神,亦是此类。不成说有子孙底方有感格之理？便使其无子孙其气亦未尝亡也。如今祭勾芒，他更是远。然既合当祭他，便有些气。要之，通天地人只是这一气，所以说：'洋洋然如在其上，如在其左右。'虚空偪塞，无非此理，自要人看得活，难以言晓也。所以明道答人鬼神之问云：'要与贤说无，何故圣人却说有？要与贤说有，贤又来问某讨。'说只说到这里，要人自看得。孔子曰：'未能事人，焉能事鬼！'而今且去理会紧要道理。少间看得道理通时，自然晓得。上蔡所说，已是煞分晓了。"僴。

（旁注：作"此"。）

问："鬼神恐有两样：天地之间，二气氤氲，无非鬼神，祭祀交感，是以有感有；人死为鬼，祭祀交感，是以有感无。"曰："是。所以道天神人鬼，神便是气之伸，此是常在底；鬼便是气之屈，便是已散了底。然以精神去合他，又合得在。"问："不交感时常在否？"曰："若不感而常有，则是有馁鬼矣。"又曰："先辈说魂魄多不同。《左传》说魄先魂而有，看来也是。以赋形之初言之，必是先有此体象，方有阳气来附他。"

鬼神以主宰言，然以物言不得。又不是如今泥塑底神之类，只是气。且如祭祀，只是你聚精神以感之。祖考是你所承流之气，故可以感。扬。

蔡行夫问"事鬼神"，曰："古人交神明之道，无些子不相接处。古人立尸，便是接鬼神之意。"时举。

问："祭祀之理，还是有其诚则有其神，无其诚则无其神否？"曰："鬼神之理，即是此心之理。"恪。

祭祀之感格，或求之阴，或求之阳，各从其类，来则俱来。然非有一物积于空虚之中，以待子孙之求也。但主祭祀者既是他一气之流传，则尽其诚敬感格之时，此气固寓此也。僩。

问："子孙祭祀，尽其诚意以聚祖考精神，不知是合他魂魄，只是感格其魂气？"曰："焫萧祭脂，所以报气；灌用郁鬯，所以招魂，便是合他，所谓'合鬼与神，教之至也'。"又问："不知常常恁地，只是祭祀时恁地？"曰："但有子孙之气在，则他便在。然不是祭祀时，如何得他聚？"

人死，虽是魂魄各自气散，要之，魄又较定；须是招魂来复这魄，要他相合。复，不独是要他活，是要聚他魂魄，不教便散了。圣人教人子孙常常祭祀，也是要去聚得他。

问："祖考精神既散，必须'三日斋，七日戒'，'求诸阳，求诸阴'，方得他聚。然其聚也，倏然其聚。到得祷祠既毕，诚敬既散，则又忽然而散。"曰："然。"子蒙。

问："死者精神既散，必须生人祭祀，尽诚以聚之，方能凝聚。若'相夺予享'事，如伊川所谓'别是一理'否？"曰："他梦如此，不知是如何。或是他有这念，便有这梦，也不可知。"子蒙。

问："死者魂气既散，而立主以主之，亦须聚得些子气在这里否？"曰："古人自始死，吊魂复魄，立重设主，便是常要接续他些子精神在这里。古者衅龟用牲血，便是觉见那龟久后不灵了，又用些子生气去接续他。《史记》上《龟筴传》，占春，将鸡子就上面开卦，便也是将生气去接他，便是衅龟之意。"又曰："古人立尸，也是将生人生气去接他。"子蒙。

问："祭天地山川,而用牲币酒醴者,只是表吾心之诚耶?抑真有气来格也?"曰："若道无物来享时,自家祭甚底?肃然在上,令人奉承敬畏,是甚物?若道真有云车拥从而来,又妄诞。"淳。○以下论祭祀神示。

汉卿问"天神地示之义",曰："《注疏》谓天气常伸,谓之神;地道常默以示人,谓之示。"人杰。

地祇者,《周礼》作"示"字,只是示见著见之义。

地之神,只是万物发生,山川出云之类。振。

说鬼神,举明道有无之说,因断之曰："有。若是无时,古人不如是求。'七日戒,三日斋',或'求诸阳',或'求诸阴',须是见得有。如天子祭天地,定是有个天,有个地;诸侯祭境内名山、大川,定是有个名山、大川;大夫祭五祀,定是有个门、行、户、灶、中霤。今庙宇有灵底,亦是山川之气会聚处。久之,被人掘凿损坏,于是不复有灵,亦是这些气过了。"贺孙。

问："鬼者,阴之灵;神者,阳之灵。司命、中霤、灶与门、行,人之所用者。有动有静,有作有止,故亦有阴阳鬼神之理,古人所以祀之。然否?"曰："有此物便有此鬼神,盖莫非阴阳之所为也。五祀之神,若细分之,则户、灶属阳,门、行属阴,中霤兼统阴阳;就一事之中,又自有阴阳也。"壮祖。

或言鬼神之异,曰："世间亦有此等事,无足怪。"味道举以前日"魂气归天,体魄降地;人之出入气即魂也,魄即精之鬼,故气曰阳,魄曰阴,人之死则气散于空中"之说,问："人死气散,是无踪影,亦无鬼神。今人祭祀,从何而求之?"曰："如子祭祖先,以气类而求。以我之气感召,便是祖先之气,故

想饶本作"祭"。之如在,此感通之理也。"味道又问:"子之于祖
先,固是如此。若祭其他鬼神,则如之何? 有来享之意否?"
曰:"子之于祖先,固有显然不易之理。若祭其他,亦祭其所当
祭。'祭如在,祭神如神在。'如天子则祭天,是其当祭,亦有气
类,乌得而不来歆乎? 诸侯祭社稷,故今祭社亦是从气类而
祭,乌得而不来歆乎? 今祭孔子必于学,其气类亦可想。"长
孺因说"祭孔子不当以塑像,只当用木主",曰:"向日白鹿洞
欲塑孔子像于殿,某谓不必,但置一空殿,临时设席祭之;不
然,只塑孔子坐于地下,则可用笾、豆、簠、簋。今塑像高高在
上,而设器皿于地,甚无义理。"恪。

　　汪德辅问:"'祖考精神便是自家精神',故斋戒祭祀,则
祖考来格。若祭旁亲及子,亦是一气,犹可推也。至于祭妻及
外亲,则其精神非亲之精神矣,岂于此但以心感之而不以气
乎?"曰:"但所祭者,其精神魂魄无不感通。盖本从一源中流
出,初无间隔,虽天地山川鬼神亦然也。"壮祖。

　　问:"人祭祖先,是以己之精神去聚彼之精神,可以合聚。
盖为自家精神便是祖考精神,故能如此。诸侯祭因国之主,
与自家不相关,然而也呼唤得他聚。盖为天地之气,便是他气
底母,就这母上聚他,故亦可以感通。"曰:"此谓无主后者,祭
时乃可以感动。若有主后者,祭时又也不感通。"用之曰:"若
理不相关,则聚不得他;若理相关,则方可聚得他。"曰:"是
如此。"又曰:"若不是因国,也感他不得。盖为他元是这国之
主,自家今主他国土地,他无主后,合是自家祭他,便可感通。"
子蒙。

问："天地山川是有个物事，则祭之其神可致。人死气已散，如何致之？"曰："只是一气。如子孙有个气在此，毕竟是因何有此？其所自来，盖自厥初生民气化之祖相传到此，只是此气。"问："祭先贤先圣如何？"曰："有功德在人，人自当报之。古人祀五帝，只是如此。后世有个新生底神道，缘众人心都向它，它便盛。如狄仁杰只留吴太伯、伍子胥庙，坏了许多庙，其鬼亦不能为害，缘是它见得无这物事了。"因举上蔡云："可者欲人致生之，故其鬼神；不可者欲人致死之，故其鬼不神。"夔孙。○赐录略。

或问："世有庙食之神，绵历数百年，又何理也？"曰："浸久亦能散。昔守南康，缘久旱，不免遍祷于神。忽到一庙，但有三间弊屋，狼籍之甚。彼人言，三五十年前，其灵如响，因有人来，而帷中有神与之言者。昔之灵如彼，今之灵如此，亦自可见。"壮祖。

风俗尚鬼，如新安等处，朝夕如在鬼窟。某一番归乡里，有所谓五通庙，最灵怪。众人捧拥，谓祸福立见。居民才出门，便带纸片入庙，祈祝而后行。士人之过者，必以名纸称"门生某人谒庙"。某初还，被宗人煎迫令去，不往。是夜会族人，往官司打酒，有灰，乍饮，遂动脏腑终夜。次日，又偶有一蛇在阶旁。众人哄然，以为不谒庙之故。某告以："脏腑是食物不着，关他甚事？莫枉了五通。"中有某人，是向学之人，亦来劝往，云："亦是从众。"某告以："从众何为？不意公亦有此语！某幸归此，去祖墓甚近。若能为祸福，请即葬某于祖墓之旁，甚便。"又云：人做州郡，须去淫祠。若系敕额者，则未可轻去。贺孙。

论鬼神之事，谓："蜀中灌口二郎庙，当初是李冰因开离堆有功，立庙。今来现许多灵怪，乃是他第二儿子出来。初间封为王，后来徽宗好道，谓他是甚么真君，遂改封为真君。向张魏公用兵祷于其庙，夜梦神语云：'我向来封为王，有血食之奉，故威福用得行。今号为"真君"，虽尊，凡祭我以素食，无血食之养，故无威福之灵。今须复我封为王，当有威灵。'魏公遂乞复其封。不知魏公是有此梦，还复一时用兵，托为此说。今逐年人户赛祭，杀数万来头羊，庙前积骨如山，州府亦得此一项税钱。利路又有梓潼神，极灵。今二个神似乎割据了两川。大抵鬼神用生物祭者，皆是假此生气为灵。古人衅钟、衅龟，皆此意。"汉卿云："季通说：'有人射虎，见虎后数人随着，乃是为虎伤死之人，生气未散，故结成此形。'"先生曰："仰山庙极壮大，亦是占得山川之秀。寺在庙后，却幽静。庙基在山边；此山亦小，但是来远，到此溪边上，外面群山皆来朝。寺基亦好，大抵僧家寺基多是好处。往往佛法入中国，他们自会寻讨。今深山穷谷好处，只得做僧寺。若人家居，必不可。"因言："僧家虚诞。向过雪峰，见一僧云：'法堂上一木毯，才施主来做功德，便会热。'某向他道：'和尚得恁不脱洒，只要恋着这木毯要热做甚！'"因说："路当可向年十几，道人授以符印，父兄知之，取而焚之；后来又自有。"汉卿云："后来也疏脱。"先生曰："人只了得每日与鬼做头底，是何如此无心得则鬼神服？若是此心洞然，无些子私累，鬼神如何不服？"贺孙。○淳同。

论及请紫姑神吟诗之事，曰："亦有请得正身出见，其家小女子见，不知此是何物。且如衢州有一个人事一个神，只录所问事目于纸，而封之祠前；少间开封，而纸中自有答语。这个不知是如何。"义刚。

问"尝问紫姑神"云云，曰："是我心中有，故应得。应不得者，是心中亦不知曲折也。"方。

问："道理有正则有邪，有是则有非。鬼神之事亦然，世间有不正之鬼神，谓其无此理则不可。"曰："老子谓：'以道莅天下者，其鬼不神。'若是王道修明，则此等不正之气都消铄了。"人杰。○方录云：老子云："以道治世，则其鬼不神。"此有理。行正当事人，自不作怪；弃常则妖兴。

朱子论性理

[宋] 朱　熹

人物之性气质之性

这几个字，自古圣贤上下数千年，呼唤得都一般。毕竟是圣学传授不断，故能如此。至春秋时，此个道理其传犹未泯。如刘定公论人受天地之中以生，郑子产论伯有为厉事，其穷理煞精。广。

天之生物也，一物与一无妄。大雅。

天下无无性之物。盖有此物，则有此性；无此物，则无此性。若海。

问："五行均得太极否？"曰："均。"问："人具五行，物只得一行？"曰："物亦具有五行，只是得五行之偏者耳。"可学。

问："性具仁义礼智？"曰："此犹是说'成之者性'，上面更有'一阴一阳'，'继之者善'。只一阴一阳之道，未知做人做物，已具是四者。虽寻常昆虫之类皆有之，只偏而不全，浊气间隔。"德明。

人物之生，其赋形偏正，固自合下不同。然随其偏正之中,又自有清浊昏明之异。偶。

物物运动蠢然,若与人无异。而人之仁义礼智之粹然者,物则无也。当时所记,改"人之""之"字为"性"字,姑两存之。○节。

或问:"人物之性一源,何以有异?"曰:"人之性论明暗,物之性只是偏塞。暗者可使之明,已偏塞者不可使之通也。横渠言,凡物莫不有是性,由通蔽开塞,所以有人物之别;而卒谓塞者牢不可开,厚者可以开而开之也难,薄者开之也易是也。"又问:"人之习为不善,其溺已深者,终不可复反矣。"曰:"势极重者不可反,亦在乎识之浅深与其用力之多寡耳。"大雅。

先生《答黄商伯书》有云:"论万物之一原,则理同而气异;观万物之异体,则气犹相近,而理绝不同。"问:"'理同而气异',此一句是说方付与万物之初,以其天命流行只是一般,故理同;以其二五之气有清浊纯驳,故气异。下句是就万物已得之后说,以其虽有清浊之不同,而同此二五之气,故气相近;以其昏明开塞之甚远,故理绝不同。《中庸》是论其方付之初,《集注》是看其已得之后。"曰:"气相近,如知寒暖,识饥饱,好生恶死,趋利避害,人与物都一般。理不同,如蜂蚁之君臣,只是他义上有一点子明;虎狼之父子,只是他仁上有一点子明;其他更推不去。恰似镜子,其他处都暗了,中间只有一两点子光。大凡物事禀得一边重,便占了其他底。如慈爱底人少断制,断制之人多残忍。盖仁多,便遮了义;义多,便遮了那仁。"问:"所以妇人临事多怕,亦是气偏了?"曰:"妇人之仁,只流从爱上去。"偶。

　　问："人物皆禀天地之理以为性,皆受天地之气以为形。若人品之不同,固是气有昏明厚薄之异。若在物言之,不知是所禀之理便有不全耶,亦是缘气禀之昏蔽故如此耶?"曰:"惟其所受之气只有许多,故其理亦只有许多。如犬马,他这形气如此,故只会得如此事。"又问:"物物具一太极,则是理无不全也。"曰:"谓之全亦可,谓之偏亦可。以理言之,则无不全;以气言之,士毅录作"以不能推言之"。则不能无偏。故吕与叔谓物之性有近人之性者,如猫相乳之类。《温公集》载他家一猫,又更差异。人之性有近物之性者。"如世上昏愚人。〇广。

　　问:"气质有昏浊不同,则天命之性有偏全否?"曰:"非有偏全。谓如日月之光,若在露地,则尽见之;若在蔀屋之下,有所蔽塞,有见有不见。昏浊者是气昏浊了,故自蔽塞,如在蔀屋之下。然在人则蔽塞有可通之理;至于禽兽,亦是此性,只被他形体所拘,生得蔽隔之甚,无可通处。至于虎狼之仁,豺獭之祭,蜂蚁之义,却只通这些子,譬如一隙之光。至于猕猴,形状类人,便最灵于他物,只不会说话而已。到得夷狄,便在人与禽兽之间,所以终难改。"焘。

　　性如日光,人物所受之不同,如隙窍之受光有大小也。人物被形质局定了,也是难得开广。如蝼蚁如此小,便只知得君臣之分而已。侗。

　　或说:"人物性同。"曰:"人物性本同,只气禀异。如水无有不清,倾放白碗中是一般色,及放黑碗中又是一般色,放青碗中又是一般色。"又曰:"性最难说,要说同亦得,要说异亦得。如隙中之日,隙之长短大小自是不同,然却只是此日。"夔孙。

　　人物之生，天赋之以此理，未尝不同，但人物之禀受自有异耳。如一江水，你将杓去取，只得一杓；将碗去取，只得一碗；至于一桶一缸，各自随器量不同，故理亦随以异。偶。

　　问："人则能推，物则不能推。"曰："谓物无此理，不得；只是气昏，一似都无了。"蘷孙。

　　天地间非特人为至灵，自家心便是鸟兽草木之心，但人受天地之中而生耳。敬仲。

　　某有疑问呈先生曰："人物之性，有所谓同者，又有所谓异者。知其所以同，又知其所以异，然后可以论性矣。夫太极动而二气形，二气形而万化生。人与物俱本乎此，则是其所谓同者；而二气五行，絪缊交感，万变不齐，则是其所谓异者。同者，其理也；异者，其气也。必得是理，而后有以为人物之性，则其所谓同然者，固不得而异也；必得是气，而后有以为人物之形，则所谓异者，亦不得而同也。是以先生于《大学或问》因谓'以其理而言之，则万物一原，固无人物贵贱之殊；以其气而言之，则得其正且通者为人，得其偏且塞者为物；是以或贵或贱而有所不能齐'者，盖以此也。然其气虽有不齐，而得之以有生者，在人物莫不皆有理；虽有所谓同，而得之以为性者，人则独异于物。故为知觉，为运动者，此气也；为仁义，为礼智者，此理也。知觉运动，人能之，物亦能之；而仁义礼智，则物固有之，而岂能全之乎？今告子乃欲指其气而遗其理，梏于其同者，而不知其所谓异者，此所以见辟于孟子。而先生于《集注》则亦以为：'以气言之，则知觉运动人物若不异；以理言之，则仁义礼智之禀，非物之所能全也。'于此，则言气同而理异者，所以见人之为贵，非物之所能并；于彼则言理同而气异者，所以见太极之无亏欠，而非有我之所得为也。以是观之，尚何疑哉？有以《集注》《或问》异同为疑者，答之如此，未知是否？"先生批云："此一条论得甚分明。昨晚朋友正有讲及此者，亦已略为言之，然不及此之有条理也。"枅。

子晦问"人物清明昏浊之殊"，德辅因问："尧、舜之气常清明冲和，何以生丹朱、商均？"曰："气偶然如此，如瞽瞍生舜是也。"某曰："瞽瞍之气有时而清明，尧、舜之气无时而昏浊。"先生答之不详。次日，廖再问："恐是天地之气一时如此？"曰："天地之气与物相通，只借从人躯壳里过来。"德辅。

问："虎狼之父子，蜂蚁之君臣，豺獭之报本，雎鸠之有别，物虽得其一偏，然彻头彻尾得义理之正。人合下具此天命之全体，乃为物欲、气禀所昏，反不能如物之能通其一处而全尽，何也？"曰："物只有这一处通，便却专。人却事事理会得些，便却泛泛，所以易昏。"铢。

虎遇药箭而死，也直去不回。虎是刚劲之物，便死得也公正。偶。

有飞蚁争集于烛而死，指而示诸生曰："此飞而亢者，便是属阴，便是'成之者性'。庄子谓：'一受其成形，不亡以待尽。'"道夫。

问："人与物以气禀之偏全而不同，不知草木如何？"曰："草木之气又别，他都无知了。"广。

一草一木，皆天地和平之气。人杰。

"天下之物，至微至细者，亦皆有心，只是有无知觉处尔。

且如一草一木,向阳处便生,向阴处便憔悴,他有个好恶在里。至大而天地,生出许多万物,运转流通,不停一息,四时昼夜,恰似有个物事积踏怹地去;天地自有个无心之心。《复卦》一阳生于下,这便是生物之心。又如所谓'惟皇上帝降衷于下民','天道福善祸淫',这便自分明有个人在里主宰相似。心是他本领,情是他个意思。"又问:"如何见天地之情?"曰:"人正大,便也见得天地之情正大。天地只是正大,未尝有些子邪处,未尝有些子小处。"又曰:"且如今言药性热,药何尝有性,只是他所生怹地。"道夫。

徐子融以书问:"枯槁之中,有性有气,故附子热,大黄寒,此性是气质之性?"陈才卿谓即是本然之性。先生曰:"子融认知觉为性,故以此为气质之性。性即是理,有性即有气,是他禀得许多气,故亦只有许多理。"才卿谓有性无仁。先生曰:"此说亦是。是他元不曾禀得此道理,惟人则得其全。如动物,则又近人之性矣。故吕氏云:'物有近人之性,人有近物之性。'盖人亦有昏愚之甚者。然动物虽有知觉,才死,则其形骸便腐坏;植物虽无知觉,然其质却坚久难坏。"广。

问:"曾见《答余方叔书》,以为枯槁有理。不知枯槁瓦砾,如何有理?"曰:"且如大黄、附子,亦是枯槁。然大黄不可为附子,附子不可为大黄。"节。

问:"枯槁之物亦有性,是如何?"曰:"是他合下有此理,故云天下无性外之物。"因行街,云:"阶砖便有砖之理。"因坐,云:"竹椅便有竹椅之理。枯槁之物,谓之无生意,则可;谓之无生理,则不可。如朽木无所用,止可付之爨灶,是无生意矣。然烧甚么木，则是甚么气，亦各不同，这是理元如此。"
贺孙。

问："枯槁有理否？"曰："才有物，便有理。天不曾生个
笔，人把兔毫来做笔。才有笔，便有理。"又问："笔上如何分
仁义？"曰："小小底，不消恁地分仁义。"节。

问："理是人物同得于天者。如物之无情者，亦有理否？"
曰："固是有理，如舟只可行之于水，车只可行之于陆。"祖道。

季通云："在陆者不可以入水，在水者不可以居陆。在陆
者阳多而阴少，在水者阴多而阳少。若出水入陆，则龟獭之类
是也。"端蒙。

草木都是得阴气，走飞都是得阳气。各分之，草是得阴
气，木是得阳气，故草柔而木坚；走兽是得阴气，飞鸟是得阳
气，故兽伏草而鸟栖木。然兽又有得阳气者，如猿猴之类是
也；鸟又有得阴气者，如雉雕之类是也。唯草木都是得阴气，
然却有阴中阳、阳中阴者。端蒙。

问："物有夏秋间生者。"曰："生得较迟，他又自有个小四
时。"方子。

问："动物有知，植物无知，何也？"曰："动物有血气，故能
知。植物虽不可言知，然一般生意亦可默见；若戕贼之，便枯
悴不复悦怿，池本作"泽"。亦似有知者。尝观一般花树，朝日照
曜之时，欣欣向荣，有这生意，皮包不住，自迸出来；若枯枝老
叶，便觉憔悴，盖气行已过也。"问："此处见得仁意否？"曰：
"只看戕贼之便雕瘁，亦是义底意思。"因举康节云，"植物向
下，头向下。'本乎地者亲下'，故浊；动物向上，人头向上。'本乎

天者亲上'，故清。猕猴之类能如人立，故特灵怪。如鸟兽头多横生，故有知、无知相半。"德明。○铢录云："本乎天者亲上"，凡动物首向上，是亲乎上，人类是也。"本乎地者亲下"，凡植物本向下，是亲乎下，草木是也。禽兽首多横，所以无智。此康节说。

纯叟言："枇杷具四时之气：秋结菩蕾，冬花，春实，夏熟；才熟后，又结菩蕾。"先生顾谓德明曰："如此看去。"意谓生理循环也。○德明。

冬间花难谢。如水仙，至脆弱，亦耐久；如梅花、蜡梅，皆然。至春花则易谢。若夏间花，则尤甚矣。如葵榴荷花，只开得一日。必竟冬时其气贞固，故难得谢。若春夏间，才发便发尽了，故不能久。又云：大凡花头大者易谢，果实亦然。如梨树，极易得衰，将死时，须猛结一年实了死，此亦是气将脱也。广。

看茄子内一粒，是个生性。方。

问："命之不齐，恐不是真有为之赋予如此。只是二气错综参差，随其所值，因各不齐。皆非人力所与，故谓之天所命否？"曰："只是从大原中流出来，模样似怎地，不是真有为之赋予者。那得个人在上面分付这个？《诗》《书》所说，便似有个人在上怎地，如'帝乃震怒'之类。然这个亦只是理如此，天下莫尊于理，故以帝名之。'惟皇上帝降衷于下民'，降，便有主宰意。"问："'大哉乾元！万物资始。乾道变化，各正性命。'万物盈乎两间，生生不穷，日往则月来，寒往则暑来，风雷之所以鼓动，山川之所以流峙，皆苍苍者实有以主其造化之权邪；抑只是太极为万化枢纽，故万物自然如此？"曰："此与前只一意。"淳。〇以下论气质之性。

语厚之："昨晚说'造化为性',不是。造化已是形而下,所以造化之理是形而上。"董卿问："'纯亦不已',是理是气?"曰："是理。'天命之谓性',亦是理。天命,如君之命令;性,如受职于君;气,如有能守职者,有不能守职者。"某问："'天命之谓性',只是主理言。才说命,则气亦在其间矣。非气,则何以为人物?理何所受?"曰："极是,极是。子思且就总会处言,此处最好看。"可学。

因看蟹等说性,曰："论性,要须先识得性是个甚么样物事。必大录此下云:性毕竟无形影,只是心中所有底道理是也。程子'性即理也',此说最好。今且以理言之,毕竟却无形影,只是这一个道理。在人,仁义礼智,性也。然四者有何形状?亦只是有如此道理。有如此道理,便做得许多事出来,所以能恻隐、羞恶、辞逊、是非也。譬如论药性,性寒、性热之类,药上亦无讨这形状处;只是服了后,却做得冷做得热底,便是性,便只是仁义礼智。孟子说:'仁义礼智根于心。'如曰'恻隐之心',便是心上说情。"又曰："邵尧夫说:'性者,道之形体;心者,性之郛郭。'此说甚好。盖道无形体,只性便是道之形体。然若无个心,却将性在甚处?须是有个心,便收拾得这性,发用出来。盖性中所有道理,只是仁义礼智,便是实理。吾儒以性为实,释氏以性为空。若是指性来做心说,则不可。今人往往以心来说性,须是先识得,方可说。必大录云:若指有知觉者为性,只是说得"心"字。如有天命之性,便有气质。若以天命之性为根于心,则气质之性又安顿在何处?谓如'人心惟危,道心

惟微'，都是心，不成只道心是心，人心不是心？"又曰："喜怒
哀乐未发之时，只是浑然，所谓气质之性亦皆在其中。至于喜
怒哀乐，却只是情。"又曰："只管说出语言，理会得。只见事
多，却不如都不理会得底。"又曰："然亦不可含糊，亦要理会
得个名义着落。"赟。〇人杰、必大录少异。

　"'天命之谓性。'命，便是告札之类；性，便是合当做底
职事，如主簿销注，县尉巡捕；心，便是官人；气质，便是官人
所习尚，或宽或猛；情，便是当厅处断事，如县尉捉得贼。情
便是发用处。性只是仁义礼智。所谓天命之与气质，亦相衮
同，才有天命，便有气质，不能相离，若阙一，便生物不得。既
有天命，须是有此气，方能承当得此理；若无此气，则此理如
何顿放？必大录此云：有气质之性，无天命之性，亦做人不得；有天命之性，
无气质之性，亦做人不得。天命之性，本未尝偏；但气质所禀，却有
偏处，气有昏明厚薄之不同。然仁义礼智，亦无阙一之理。但
若恻隐多，便流为姑息柔懦；若羞恶多，便有羞恶其所不当羞
恶者。且如言光：必有镜，然后有光；必有水，然后有光。光
便是性，镜水便是气质。若无镜与水，则光亦散矣。谓如五
色，若顿在黑多处，便都黑了；入在红多处，便都红了，却看你
禀得气如何，然此理却只是善。既是此理，如何得恶？所谓
恶者，却是气也。孟子之论，尽是说性善；至有不善，说是陷
溺，是说其初无不善，后来方有不善耳。若如此，却似'论性
不论气'，有些不备。却得程氏说出气质来接一接，便接得有
首尾，一齐圆备了。"又曰："才又在气质之下。如退之说三品
等，皆是论气质之性，说得尽好；只是不合不说破个气质之

性,却只是做性说时,便不可。如三品之说,便分将来,何止三品?虽千百可也。若荀、扬则是'论气而不论性',故不明。既不论性,便却将此理来昏了。"又曰:"《皋陶谟》中所论'宽而栗'等九德,皆是论反气质之意,只不曾说破气质耳。"伯丰曰:"匡衡《疏》中说治性之道,亦是说气质。"僴谓:"'宽而栗'等,'而'下一字便是功夫。"先生皆然之。或问:"若是气质不善,可以变否?"曰:"须是变化而反之。如'人一己百,人十己千',则'虽愚必明,虽柔必强'。"僴。

人之所以生,理与气合而已。天理固浩浩不穷,然非是气,则虽有是理而无所凑泊。故必二气交感,凝结生聚,然后是理有所附著。凡人之能言语动作,思虑营为,皆气也,而理存焉。故发而为孝弟忠信仁义礼智,皆理也。然而二气五行,交感万变,故人物之生,有精粗之不同。自一气而言之,则人物皆受是气而生;自精粗而言,则人得其气之正且通者,物得其气之偏且塞者。惟人得其正,故是理通而无所塞;物得其偏,故是理塞而无所知。且如人,头圆象天,足方象地,平正端直,以其受天地之正气,所以识道理,有知识。物受天地之偏气,所以禽兽横生,草木头生向下,尾反在上。物之间有知者,不过只通得一路,如乌之知孝,獭之知祭,犬但能守御,牛但能耕而已。人则无不知,无不能。人所以与物异者,所争者此耳。然就人之所禀而言,又有昏明清浊之异。故上知生知之资,是气清明纯粹,而无一毫昏浊,所以生知安行,不待学而能,如尧、舜是也。其次则亚于生知,必学而后知,必行而后至。又其次者,资禀既偏,又有所蔽,须是痛加工夫,"人一己百，人十己千”，然后方能及亚于生知者。及进而不已，则成功一也。孟子曰："人之所以异于禽兽者几希。"人物之所以异，只是争这些子。若更不能存得，则与禽兽无以异矣！某年十五六时，读《中庸》"人一己百，人十己千"一章，因见吕与叔解得此段痛快，读之未尝不竦然警厉奋发！人若有向学之志，须是如此做工夫方得。僴。

问"气质之性"，曰："才说性时，便有些气质在里。若无气质，则这性亦无安顿处。所以继之者只说得善，到成之者便是性。"幹。

性只是理。然无那天气地质，则此理没安顿处。但得气之清明则不蔽锢，此理顺发出来。蔽锢少者，发出来天理胜；蔽锢多者，则私欲胜，便见得本原之性无有不善。孟子所谓性善、周子所谓纯粹至善、程子所谓性之本与夫反本穷源之性是也。只被气质有昏浊，则隔了，故"气质之性，君子有弗性者焉。学以反之，则天地之性存矣"。故说性，须兼气质说方备。端蒙。

天命之性，若无气质，却无安顿处。且如一勺水，非有物盛之，则水无归着。程子云："论性不论气，不备；论气不论性，不明；二之则不是。"所以发明千古圣贤未尽之意，甚为有功。大抵此理有未分晓处，秦汉以来传记所载，只是说梦。韩退之略近似。千有余年，得程先生兄弟出来，此理益明。且如唐刘知幾之子云："注述《六经》之旨，世俗陶陶，知我者希！"不知其书如何说，想亦是担当不得。如果能晓得此理，如何不与大家知？贺孙。

性只是理。气质之性，亦只是这里出。若不从这里出，有甚归着？如云"人心惟危，道心惟微"，道心固是心，人心亦心也。横渠言："心统性情。"人杰。

论天地之性，则专指理言；论气质之性，则以理与气杂而言之。未有此气，已有此性。气有不存，而性却常在。虽其方在气中，然气自是气，性自是性，亦不相夹杂。至论其遍体于物，无处不在，则又不论气之精粗，莫不有是理。

性非气质，则无所寄；气非天性，则无所成。道夫。

蜚卿问"气质之性"，曰："天命之性，非气质则无所寓。然人之气禀有清浊偏正之殊，故天命之正，亦有浅深厚薄之异，要亦不可不谓之性。旧见病翁云：'伊川言气质之性，正犹佛书所谓水中盐味，色里胶清。'"又问："孟子言性，与伊川如何？"曰："不同。孟子是剔出而言性之本，伊川是兼气质而言，要之不可离也，所以程子云：'论性不论气，不备；论气不论性，不明。'而某于《太极解》亦云：'所谓太极者，不离乎阴阳而为言，亦不杂乎阴阳而为言。'"道夫。○闳祖录云：气禀之偏难除。释氏云"如水中盐，色中胶"，取不出也。病翁爱说此。

性即理也。当然之理，无有不善者。故孟子之言性，指性之本而言。然必有所依而立，故气质之禀不能无浅深厚薄之别。孔子曰"性相近也"，兼气质而言。砥。

天地间只是一个道理，性便是理。人之所以有善有不善，只缘气质之禀各有清浊。去伪。

人所禀之气，虽皆是天地之正气，但衮来衮去，便有昏明厚薄之异。盖气是有形之物；才是有形之物，便自有美有恶也。广。

气质之性，便只是天地之性，只是这个天地之性却从那里过。好底性如水，气质之性如杀些酱与盐，便是一般滋味。偭。

问："天理变易无穷，由一阴一阳，生生不穷。'继之者善'，全是天理，安得不善？孟子言性之本体以为善者是也。二气相轧相取，相合相乖，有平易处，有倾侧处，自然有善有恶。故禀气形者有恶有善，何足怪？语其本则无不善也。"曰："此却无过。"丁复之曰"先生解《中庸》大本"云云。曰："既谓之大本，只是理善而已。才说人欲，便是气也，亦安得无本？但大本中元无此耳。"大雅。

问："理无不善，则气胡为有清浊之殊？"曰："才说着气，便自有寒有热，有香有臭。"儒用。

二气五行，始何尝不正。只衮来衮去，便有不正。如阳为刚燥，阴为重浊之类。○士毅。

气升降，无时止息。理只附气；惟气有昏浊，理亦随而间隔。德明。

人性本善，无许多不美，不知那许多不美是甚么物事。振。

问："赵书记一日问浩：'如何是性？'浩对以伊川曰：'孟子言"性善"，是极本穷原之性；孔子言"性相近"，是气质之性。'赵云：'安得有两样？只有《中庸》说"天命之谓性"，自分明。'"曰："公当初不曾问他：'既谓之善，固无两般。才说相近，须有两样。'便自说不得！"因问："'天命之谓性'，还是极本穷原之性，抑气质之性？"曰："是极本穷原之性。天之所以命,只是一般;缘气质不同,遂有差殊。孟子分明是于人身上挑出天之所命者说与人,要见得本原皆善。"浩。

人之性皆善;然而有生下来善底,有生下来便恶底,此是气禀不同。且如天地之运,万端而无穷,其可见者,日月清明气候和正之时,人生而禀此气,则为清明浑厚之气,须做个好人;若是日月昏暗,寒暑反常,皆是天地之戾气,人若禀此气,则为不好底人,何疑!人之为学,却是要变化气禀,然极难变化。如"孟子道性善",不言气禀,只言"人皆可以为尧、舜"。若勇猛直前,气禀之偏自消,功夫自成,故不言气禀。看来吾性既善,何故不能为圣贤?却是被这气禀害。如气禀偏于刚,则一向刚暴;偏于柔,则一向柔弱之类。人一向推托道气禀不好,不向前,又不得;一向不察气禀之害,只昏昏地去,又不得。须知气禀之害,要力去用功克治,裁其胜而归于中乃可。濂溪云:"性者,刚柔善恶中而已。故圣人立教,俾人自易其恶,自至其中而止矣。"《责沈》言:"气质之用狭,道学之功大。"璘。

问:"孟子言'性善',伊川谓是'极本穷原之性';孔子言'性相近',伊川谓是'气质之性';固已晓然。《中庸》所谓'天命之谓性',不知是极本穷原之性,是气质之性?"曰:"性也只是一般。天之所命,何尝有异?正缘气质不同,便有不相似处,故孔子谓之'相近'。孟子恐人谓性元来不相似,遂于气质内挑出天之所命者说与人,道性无有不善,即子思所谓'天命之谓性'也。"浩。

问:"孔子已说'继之者善,成之者性',如何人尚未知性？到孟子方才说出，到周先生方说得尽？"曰："孔子说得细腻，说不曾了。孟子说得粗，说得疏略。孟子不曾推原原头，不曾说上面一截，只是说'成之者性'也。"义刚。

孟子言性，只说得本然底，论才亦然。荀子只见得不好底，扬子又见得半上半下底，韩子所言却是说得稍近。盖荀、扬说既不是，韩子看来端的见有如此不同，故有三品之说，然惜其言之不尽，少得一个"气"字耳。程子曰："论性不论气，不备；论气不论性，不明。"盖谓此也。力行。

孟子未尝说气质之性。程子论性所以有功于名教者，以其发明气质之性也。以气质论，则凡言性不同者，皆冰释矣。退之言性亦好，亦不知气质之性耳。人杰。

道夫问："气质之说，始于何人？"曰："此起于张、程，某以为极有功于圣门，有补于后学，读之使人深有感于张、程，前此未曾有人说到此。如韩退之《原性》中说三品，说得也是，但不曾分明说是气质之性耳。性那里有三品来？孟子说性善，但说得本原处，下面却不曾说得气质之性，所以亦费分疏。诸子说性恶与善恶混。使张、程之说早出，则这许多说话自不用纷争。故张、程之说立，则诸子之说泯矣。"因举横渠："形而后有气质之性。善反之，则天地之性存焉。故气质之性，君子有弗性者焉。"又举明道云："论性不论气，不备；论气不论性，不明；二之则不是。""且如只说个仁义礼智是性，世间却有生出来便无状底，是如何？只是气禀如此。若不论那气，这道理便不周匝，所以不备。若只论气禀，这个善，这个恶，却不论那一原处只是这个道理，又却不明。此自孔子、曾子、子思、孟子理会得后，都无人说这道理。"谦之问："天地之气，当其昏明驳杂之时，则其理亦随而昏明驳杂否？"曰："理却只恁地，只是气自如此。"又问："若气如此，理不如此，则是理与气相离矣！"曰："气虽是理之所生，然既生出，则理管他不得。如这理寓于气了，日用间运用都由这个气，只是气强理弱。譬如大礼赦文一时将税都放了相似，有那村知县硬自捉缚须要他纳，缘被他近了，更自叫上面不应，便见得那气粗而理微。又如父子，若子不肖，父亦管他不得。圣人所以立教，正是要救这些子。"时举。○柄录云：问："天地之性既善，则气禀之性如何不善？"曰："理固无不善，才赋于气质，便有清浊、偏正、刚柔、缓急之不同。盖气强而理弱，理管摄他不得。如父子本是一气，子乃父所生；父贤而子不肖，父也管他不得。又如君臣同心一体，臣乃君所命；上欲行而下沮格，上之人亦不能一一去督责得他。"

问："人之德性本无不备，而气质所赋，鲜有不偏。将性对'气'字看，性即是此理。理无不善者，因堕在形气中，故有不同。所谓气质之性者，是如此否？"曰："固是。但气禀偏，则理亦欠阙了。"问："'德不胜气，性命于气；德胜其气，性命于德。'所谓胜者，莫是指人做处否？"曰："固是。"又问："'性命于气'，是性命都由气，则性不能全其本然，命不能顺其自然；'性命于德'，是性命都由德，则性能全天性，命能顺天理否？"曰："固是。"又问："横渠论气质之性却分晓，明道'生之谓性'一章却难晓。"曰："它中间性有两三说，须子细看。"问云："'生之谓性'，它这一句，且是说禀受处否？"曰："是。性即气，气即性，它这且是衮说；性便是理，气便是气，是未分别说。其实理无气亦无所附。"又问："'人生气禀，理有善恶云云，善固性也，然恶亦不可不谓之性也。'看来'善固性也'固是；若云'恶亦不可不谓之性'，则此理本善，因气而鹘突，虽是鹘突，然亦是性也。"曰："它原头处都是善，因气偏，这性便偏了，然此处亦是性。如人浑身都是恻隐而无羞恶，都羞恶而无恻隐，这个便是恶德，这个唤做性邪不是？如墨子之心本是恻隐，孟子推其弊，到得无父处，这个便是'恶亦不可不谓之性也'。"又问："'生之谓性，人生而静以上云云，便已不是性也。'看此几句，是人物未生以前说性不得，'性'字是人物已生方着得'性'字。故才说性，便是落于气，而非性之本体矣。"曰："它这是合理气一衮说。到孟子说性，便是从中间斡出好底说，故谓之善。"又问："'所谓"继之者善"者，犹水流而就下也。皆水也，有流而至海'云云。"曰："它这是两个譬喻。水之就下处，它这下更欠言语，要须为它作文补这里始得，它当时只是衮说了。盖水之就下，便是喻性之善。如孟子所谓过颡、在山，虽不是顺水之性，然不谓之水不得。这便是前面'恶亦不可不谓之性'之说。到得说水之清，却依旧是譬喻。"问："它后面有一句说'水之清则性善之谓也'，意却分晓。"曰："固是，它这一段说得详了。"又问："'此理天命也。'它这处方提起以此理说，则是纯指上面天理而言，不杂气说。"曰："固是。"又曰："理离气不得。而今讲学用心着力，却是用这气去寻个道理。"夔孙。

先生言气质之性，曰："性譬之水，本皆清也。以净器盛之，则清；以不净之器盛之，则臭；以污泥之器盛之，则浊。本然之清，未尝不在。但既臭浊，猝难得便清。故'虽愚必明，虽柔必强'，也煞用气力，然后能至。某尝谓《原性》一篇本好，但言三品处，欠个'气'字，欠个来历处，却成天合下生出三般人相似！孟子性善，似也少个'气'字。"砥。〇伯羽录云：大抵孟子说话，也间或有些子不睹是处。只被他才高，当时无人抵得他。告子口更不曾得开。

性如水，流于清渠则清，流入污渠则浊。气质之清者、正者，得之则全，人是也；气质之浊者、偏者，得之则昧，禽兽是也。气有清浊，人则得其清者，禽兽则得其浊者。人大体本清，故异于禽兽；亦有浊者，则去禽兽不远矣。节。

有是理而后有是气，有是气则必有是理。但禀气之清者，为圣为贤，如宝珠在清冷水中；禀气之浊者，为愚为不肖，如珠在浊水中。所谓"明明德"者，是就浊水中揩拭此珠也。物亦有是理，又如宝珠落在至污浊处，然其所禀亦间有些明处，就上面便自不昧。如虎狼之父子，蜂蚁之君臣，豺獭之报本，雎鸠之有别，曰"仁兽"，曰"义兽"是也。儒用。

"理在气中，如一个明珠在水里。理在清底气中，如珠在那清底水里面，透底都明；理在浊底气中，如珠在那浊底水里面，外面更不见光明处。"问："物之塞得甚者，虽有那珠，如在深泥里面，更取不出。"曰："也是如此。"胡泳。

"敬子谓：'性所发时，无有不善，虽气禀至恶者亦然。但方发之时，气一乘之，则有善有不善耳。'偁以为人心初发，有善有恶，所谓'几善恶'也。初发之时本善而流入于恶者，此固有之。然亦有气禀昏愚之极，而所发皆不善者，如子越椒之类是也。且以中人论之，其所发之不善者，固亦多矣。安得谓之无不善邪？"曰："不当如此说，如此说得不是。此只当以人品贤愚清浊论。有合下发得善底，也有合下发得不善底，也有发得善而为物欲所夺，流入于不善底，极多般样。今有一样人，虽无事在这里坐，他心里也只思量要做不好事，如蛇虺相似，只欲咬人，他有甚么发得善？明道说水处最好：皆水也，有流而至海，终无所污；有流而未远，固已渐浊；有流而甚远，方有所浊。有浊之多者，浊之少者。只可如此说。"佃。

或问"气禀有清浊不同"，曰："气禀之殊，其类不一，非但'清浊'二字而已。今人有聪明，事事晓者，其气清矣，而所为未必皆中于理，则是其气不醇也。有谨厚忠信者，其气醇矣，而所知未必皆达于理，则是其气不清也。推此求之可见。"

问："季通主张气质太过。"曰："形质也是重。且如水之气，如何似长江大河有许多洪流？金之气，如何似一块铁恁地硬？形质也是重。被此生坏了后，理终是拗不转来。"又曰："孟子言'人所以异于禽兽者几希'，不知人何故与禽兽异。"又言："'犬之性犹牛之性，牛之性犹人之性与？'不知人何故与牛犬异。此两处似欠中间一转语；须着说是形气不同，故性亦少异，始得。恐孟子见得人性同处，自是分晓直截，却于这些子未甚察。"又曰："了翁云：'气质之用狭，道学之功大。'与季通说正相反。若论其至，不可只靠一边。如了翁之说，则何故自古只有许多圣贤？如季通之说，则人皆委之于生质，更不修为。须是看人功夫多少如何。若功夫未到，则气质之性不得不重。若功夫至，则气质岂得不听命于义理？也须着如此说，方尽。"闳祖。

人性虽同，禀气不能无偏重。有得木气重者，则恻隐之心常多，而羞恶、辞逊、是非之心为其所塞而不发；有得金气重者，则羞恶之心常多，而恻隐、辞逊、是非之心为其所塞而不发；水火亦然。唯阴阳合德，五性全备，然后中正而为圣人也。闳祖。

性有偏者。如得木气多者，仁较多；金气多者，义较多。扬。

先生曰："人有敏于外而内不敏，又有敏于内而外不敏，如何？"曰："莫是禀气强弱？"曰："不然。《淮南子》曰：'金水内明，日火外明。'气偏于内故内明，气偏于外则外明。"可学。

"气禀所拘，只通得一路，极多样：或厚于此而薄于彼，或通于彼而塞于此。有人能尽通天下利害而不识义理，或工于百工技艺而不解读书。如虎豹只知父子，蜂蚁只知君臣。惟人亦然，或知孝于亲而薄于他人。如明皇友爱诸弟，长枕大被，终身不变，然而为君则杀其臣，为父则杀其子，为夫则杀其妻，便是有所通，有所蔽。是他性中只通得一路，故于他处皆碍，也是气禀，也是利害昏了。"又问："以尧为父而有丹朱，以鲧为父而有禹，如何？"曰："这个又是二气、五行交际运行之际有清浊，人适逢其会，所以如此。如算命推五行阴阳交际之气，当其好者则质美，逢其恶者则不肖，又非人之气所能与也。"偘。

问："人有强弱，由气有刚柔，若人有技艺之类，如何？"曰："亦是气。如今人看五行，亦推测得些小。"曰："如才不足人，明得理，可为否？"曰："若明得尽，岂不可为？所谓'克念作圣'是也,然极难。若只明得一二,如何做得?"曰:"温公论才德如何?"曰:"他便专把朴者为德;殊不知聪明、果敢、正直、中和,亦是才,亦是德。"可学。

或问:"人禀天地五行之气,然父母所生,与是气相值而然否?"曰:"便是这气须从人身上过来。今以五行枝干推算人命,与夫地理家推择山林向背,皆是此理。然又有异处。如磁窑中器物,闻说千百件中,或有一件红色大段好者,此是异禀。惟人亦然,瞽、鲧之生舜、禹,亦犹是也。"人杰。

问:"临漳士友录先生语,论气之清浊处甚详。"曰:"粗说是如此,然天地之气有多少般。"问:"尧、舜生丹、均,瞽叟生舜事,恐不全在人,亦是天地之气?"曰:"此类不可晓。人气便是天地之气,然就人身上透过,如鱼在水,水入口出腮。但天地公共之气,人不得擅而有之。"德明。

亚夫曰:"性如日月,气浊者如云雾。"先生以为然。节。

人性如一团火,煨在灰里,拨开便明。椿。

问"气禀"云云,曰:"天理明,则彼如何着得?"可学。

问:"人有常言,某人性如何,某物性如何,某物性热,某物性冷。此是兼气质与所禀之理而言否?"曰:"然。"㒤。

问指屋柱云:"此理也;曲直,性也;所以为曲直,命也。曲直是说气禀。"曰:"然。"可学。

"质并气而言,则是形质之质;若生质,则是资质之质。"复举了翁《责沈说》曰:"他说多是禅,不知此数句如何恁说得好!"义刚。

性者万物之原,而气禀则有清浊,是以有圣愚之异。命者万物之所同受,而阴阳交运,参差不齐,是以五福、六极,值遇不一。端蒙。〇以下兼言命。

安卿问:"'命'字有专以理言者,有专以气言者。"曰:"也都相离不得。盖天非气,无以命于人;人非气,无以受天所命。"道夫。

问:"先生说:'命有两种:一种是贫富、贵贱、死生、寿夭,一种是清浊、偏正、智愚、贤不肖。一种属气,一种属理。'以偶观之,两种皆似属气。盖智愚、贤不肖、清浊、偏正,亦气之所为也。"曰:"固然。性则命之理而已。"偶。

问:"性分、命分何以别?"曰:"性分是以理言之,命分是兼气言之。命分有多寡厚薄之不同,若性分则又都一般。此理,圣愚贤否皆同。"淳。〇字录少异。

"命"之一字,如"天命谓性"之"命",是言所禀之理也;"性也有命焉"之"命",是言所以禀之分有多寡厚薄之不同也。伯羽。

问:"'天命谓性'之'命',与'死生有命'之'命'不同,何也?"曰:"'死生有命'之'命'是带气言之,气便有禀得多少厚薄之不同。'天命谓性'之'命'是纯乎理言之;然天之所命,毕竟皆不离乎气,但《中庸》此句,乃是以理言之。孟子谓'性也,有命焉',此'性'是兼气禀食色言之;'命也,有性焉',此'命'是带气言之。性善又是超出气说。"淳。

问:"子罕言命,若仁义礼智五常皆是天所命。如贵贱死生寿夭之命有不同,如何?"曰:"都是天所命。禀得精英之气,便为圣,为贤,便是得理之全,得理之正。禀得清明者,便英爽；禀得敦厚者，便温和；禀得清高者，便贵；禀得丰厚者，便富；禀得久长者，便寿；禀得衰颓薄浊者，一本作：衰落孤单者，便为贫为贱为夭。便为愚、不肖，为贫，为贱，为夭。天有那气生一个人出来，便有许多物随他来。”又曰："天之所命，固是均一，到气禀处便有不齐。看其禀得来如何，禀得厚，道理也备。尝谓命，譬如朝廷诰敕；心，譬如官人一般，差去做官；性，譬如职事一般，郡守便有郡守职事，县令便有县令职事，职事只一般，天生人，教人许多道理，便是付人许多职事；别本云：道理只一般。气禀，譬如俸给，贵如官高者，贱如官卑者，富如俸厚者，贫如俸薄者，寿如三两年一任又再任者，夭者如不得终任者，朝廷差人做官，便有许多物一齐趁。一作"随"。后来横渠云：'形而后有气质之性，善反之，则天地之性存焉，故气质之性，君子有弗性焉。'如禀得气清明者，这道理只在里面；禀得昏浊者，这道理也只在里面，只被昏浊遮蔽了。譬之水，清底里面纤毫皆见，浑底便见不得。孟子说性善，他只见得大本处，未说得气质之性细碎处。程子谓：'论性不论气，不备；论气不论性，不明；二之则不是。'孟子只论性，不论气，便不全备。论性不论气，这性说不尽；论气不论性，性之本领处又不透彻。荀、扬、韩诸人虽是论性，其实只说得气。荀子只见得不好人底性，便说做恶。扬子见半善半恶底人，便说善恶混。韩子见天下有许多般人，所以立为三品之说。就三子中，韩子说又较近。他以仁义礼智为性，以喜怒哀乐为情，只是中间过接处少个'气'字。"宇。〇淳录自"横渠"以下同。

问："颜渊不幸短命；伯牛死，曰：'命矣夫！'孔子'得之不得曰有命'，如此之'命'，与'天命谓性'之'命'无分别否？"曰："命之正者出于理，命之变者出于气质。要之，皆天所付予。孟子曰：'莫之致而至者，命也。'但当自尽其道，则所值之命，皆正命也。"因问："如今数家之学，如康节之说，谓皆一定而不可易，如何？"曰："也只是阴阳盛衰消长之理，大数可见，然圣贤不曾主此说。如今人说康节之数，谓他说一事一物皆有成败之时，都说得肤浅了。"木之。

或问："'亡之，命矣夫！'此'命'是天理本然之命否？"曰："此只是气禀之命。富贵、死生、祸福、贵贱，皆禀之气而不可移易者。"祖道曰："'不知命无以为君子'，与'五十知天命'，两'命'字如何？"曰："'不知命'亦是气禀之命，'知天命'却是圣人知其性中四端之所自来。如人看水一般：常人但见为水流，圣人便知得水之发源处。"祖道。

闻一问："'亡之，命矣夫！'此'命'字是就气禀上说？"曰："死生寿夭，固是气之所禀。只看孟子说'性也，有命焉'处，便分晓。"择之问："'不知命'与'知天命'之'命'如何？"曰："不同。'知天命'，谓知其理之所自来。譬之于水，人皆知其为水，圣人则知其发源处。如'不知命'处，却是说死生、寿夭、贫富、贵贱之命也。然孟子又说当'顺受其正'；若一切任其自然，而'立乎岩墙之下'，则又非其正也。"因言："上古天地之气，其极清者，生为圣人，君临天下，安享富贵，又皆享上寿。及至后世，多反其常。衰周生一孔子，终身不遇，寿止七十有余。其禀得清明者，多夭折；暴横者，多得志。旧看史传，见盗贼之为君长者，欲其速死，只是不死，为其全得寿考之气也。"人杰。

履之说："子温而厉，威而不猛，恭而安。"因问："得清明之气为圣贤，昏浊之气为愚不肖；气之厚者为富贵，薄者为贫贱；此固然也。然圣人得天地清明中和之气，宜无所亏欠，而夫子反贫贱，何也？岂时运使然邪？抑其所禀亦有不足邪？"曰："便是禀得来有不足。他那清明，也只管得做圣贤，却管不得那富贵。禀得那高底则贵，禀得厚底则富，禀得长底则寿，贫贱夭者反是。夫子虽得清明者以为圣人，然禀得那低底、薄底，所以贫贱。颜子又不如孔子，又禀得那短底，所以又夭。"又问："一阴一阳，宜若停匀，则贤不肖宜均。何故君子常少，而小人常多？"曰："自是他那物事驳杂，如何得齐？且以扑钱譬之：纯者常少，不纯者常多，自是他那气驳杂，或前或后，所以不能得他恰好，如何得均平？且以一日言之：或阴或晴，或风或雨，或寒或热，或清爽，或鹘突，一日之间自有许多变，便可见矣。"又问："虽是驳杂，然毕竟不过只是一阴一阳二气而已，如何会恁地不齐？"曰："便是不如此。若只是两个单底阴阳，则无不齐。缘是他那物事错揉万变，所以不能得他恰好。"又问："如此，则天地生圣贤，又只是偶然，不是有意矣。"曰："天地那里说我特地要生个圣贤出来？也只是气数到那里，恰相凑着，所以生出圣贤。及至生出，则若天之有意焉耳。"又问："康节云：'阳一而阴二，所以君子少而小人多。'此语是否？"曰："也说得来，自是那物事好底少而恶底多。且如面前事，也自是好底事少，恶底事多，其理只一般。"侗。

敬子问"自然之数"，曰："有人禀得气厚者，则福厚；气薄者，则福薄。禀得气之华美者，则富盛；衰飒者，则卑贱；气长者，则寿；气短者，则夭折。此必然之理。"问："神仙之说有之乎？"曰："谁人说无？诚有此理。只是他那工夫大段难做，除非百事弃下，办得那般工夫，方做得。"又曰："某见名寺中所画诸祖师人物，皆魁伟雄杰，宜其杰然有立如此。所以妙喜赞某禅师有曰：'当初若非这个，定是做个渠魁。'观之信然。其气貌如此，则世之所谓富贵利达，声色货利，如何笼络得他住？他视之亦无足以动其心者。"或问："若非佛氏收拾去，能从吾儒之教，不知如何？"曰："他又也未是那'无文王犹兴'底，只是也须做个特立独行底人，所为必可观。若使有圣人收拾去，可知大段好。只是当时吾道黑淬淬地，只有些章句词章之学，他如龙如虎，这些艺解都束缚他不住，必决去无疑。也煞被他引去了好人，可畏可畏！"㑯。

问："富贵有命，如后世鄙夫小人，当尧、舜三代之世，如何得富贵？"曰："当尧、舜三代之世不得富贵，在后世则得富贵，便是命。"曰："如此，则气禀不一定。"曰："以此气遇此时，是他命好；不遇此时，便是有所谓资适逢世是也。如长平死者四十万，但遇白起，便如此。只他相撞着，便是命。"可学。

问："前日尝说鄙夫富贵事。今云富贵贫贱是前定，如何？"曰："恁地时节，气亦自别。后世气运渐乖，如古封建，毕竟是好人在上，到春秋乃生许多逆贼。今儒者多叹息封建不行，然行著亦可虑。且如天子，必是天生圣哲为之。后世如秦始皇在上，乃大无道人，如汉高祖，乃崛起田野，此岂不是气运颠倒？"问："此是天命否？"曰："是。"可学。

人之禀气,富贵、贫贱、长短,皆有定数寓其中。禀得盛者,其中有许多物事,其来无穷;亦无盛而短者。若木生于山,取之,或贵而为栋梁,或贱而为厨料,皆其生时所禀气数如此定了。扬。

性情心意等名义

问:"天与命,性与理,四者之别:天则就其自然者言之,命则就其流行而赋于物者言之,性则就其全体而万物所得以为生者言之,理则就其事事物物各有其则者言之。到得合而言之,则天即理也,命即性也,性即理也,是如此否?"曰:"然。但如今人说,天非苍苍之谓。据某看来,亦舍不得这个苍苍底。"贺孙。○以下论性命。

理者,天之体;命者,理之用。性是人之所受,情是性之用。道夫。

命犹诰敕,性犹职事,情犹施设,心则其人也。贺孙。

天所赋为命,物所受为性。赋者命也,所赋者气也;受者性也,所受者气也。宇。

道即性,性即道,固只是一物。然须看因甚唤做性,因甚唤做道。淳。○以下论性。

性即理也。在心唤做性,在事唤做理。焘。

生之理谓性。节。

性只是此理。节。

性是合当底。同。

性则纯是善底。同。

性是天生成许多道理。同。

性是许多理散在处为性。同。

问:"性既无形,复言以理,理又不可见。"曰:"父子有父子之理,君臣有君臣之理。"节。

性是实理,仁义礼智皆具。德明。

问:"性固是理。然性之得名,是就人生禀得言之否?"曰:"'继之者善,成之者性。'这个理在天地间时,只是善,无有不善者。生物得来,方始名曰'性'。只是这理,在天则曰'命',在人则曰'性'。"淳。

郑问:"先生谓性是未发,善是已发,何也?"曰:"才成个人影子,许多道理便都在那人上。其恻隐,便是仁之善;羞恶,便是义之善。到动极复静处,依旧只是理。"曰:"这善,也是性中道理,到此方见否?"曰:"这须就那地头看。'继之者善也,成之者性也。'在天地言,则善在先,性在后,是发出来方生人物。发出来是善,生人物便成个性。在人言,则性在先,善在后。"或举"孟子道性善"。曰:"此则'性'字重,'善'字轻,非对言也。文字须活看,此且就此说,彼则就彼说,不可死看。牵此合彼,便处处有碍。"淳。

性不是卓然一物可见者。只是穷理、格物,性自在其中,不须求,故圣人罕言性。德明。

诸儒论性不同,非是于善恶上不明,乃"性"字安顿不着。砥。

圣人只是识得性。百家纷纷,只是不识"性"字。扬子鹘鹘突突,荀子又所谓隔靴爬痒。扬。

致道谓"心为太极",林正卿谓"心具太极"。致道举以为问,先生曰:"这般处极细,难说。看来心有动静:其体,则谓之易;其理,则谓之道;其用,则谓之神。"直卿退而发明曰:"先生道理精熟,容易说出来,须至极。"贺孙问:"'其体则谓之易',体是如何?"曰:"体不是'体用'之'体',恰似说'体质'之'体',犹云'其质则谓之易'。理即是性,这般所在,当活看。如'心'字,各有地头说。如孟子云:'仁,人心也。'仁便是人心,这说心是合理说。如说'颜子其心三月不违仁',是心为主而不违乎理。就地头看,始得。"又云:"先生《太极图解》云:'动静者,所乘之机也。'蔡季通聪明,看得这般处出,谓先生下此语最精。盖太极是理,形而上者;阴阳是气,形而下者。然理无形,而气却有迹。气既有动静,则所载之理亦安得谓之无动静?"又举《通书·动静篇》云:"'动而无静,静而无动,物也;动而无动,静而无静,神也。动而无动,静而无静,非不动不静也。物则不通,神妙万物。'动静者,所乘之机也。"先生因云:"某向来分别得这般所在。今心力短,便是这般所在都说不到。"因云:"向要到云谷,自下上山,半涂大雨,通身皆湿,得到地头,因思着:'天地之塞,吾其体;天地之帅,吾其性。'时季通及某人同在那里,某因各人解此两句,自亦作两句解。后来看,也自说得着,所以迤逦便作《西铭》等解。"贺孙。○以下论心。

心之理是太极,心之动静是阴阳。振。

惟心无对。方子。

问："灵处是心，抑是性？"曰："灵处只是心，不是性。性只是理。"淳。

问："知觉是心之灵固如此，抑气之为邪？"曰："不专是气，是先有知觉之理。理未知觉，气聚成形，理与气合，便能知觉。譬如这烛火，是因得这脂膏，便有许多光焰。"问："心之发处是气否？"曰："也只是知觉。"淳。

所知觉者是理。理不离知觉，知觉不离理。节。

问："心是知觉，性是理。心与理如何得贯通为一？"曰："不须去著实通，本来贯通。""如何本来贯通？"曰："理无心，则无着处。"节。

所觉者，心之理也；能觉者，气之灵也。节。

心者，气之精爽。节。

心官至灵，藏往知来。焘。

发明"心"字，曰："一言以蔽之，曰'生'而已。'天地之大德曰生'，人受天地之气而生，故此心必仁，仁则生矣。"力行。

心须兼广大流行底意看，又须兼生意看。且如程先生言："仁者，天地生物之心。"只天地便广大，生物便流行，生生不穷。端蒙。

"心与理一，不是理在前面为一物，理便在心之中，心包蓄不住，随事而发。"因笑云："说到此，自好笑。恰似那藏相似，除了经函，里面点灯，四方八面皆如此光明粲烂，但今人亦少能看得如此。"广。

问："心之为物，众理具足。所发之善，固出于心。至所发不善，皆气禀物欲之私，亦出于心否？"曰："固非心之本体，然亦是出于心也。"又问："此所谓人心否？"曰："是。"子升因问："人心亦兼善恶否？"曰："亦兼说。"木之。

或问："心有善恶否？"曰："心是动底物事，自然有善恶。且如恻隐是善也，见孺子入井而无恻隐之心，便是恶矣。离着善，便是恶。然心之本体未尝不善，又却不可说恶全不是心，若不是心，是甚么做出来？古人学问便要穷理、知至，直是下工夫消磨恶去，善自然渐次可复。操存是后面事，不是善恶时事。"问："明善、择善如何？"曰："能择，方能明。且如有五件好底物事，有五件不好底物事，将来拣择，方解理会得好底。不择，如何解明？"谦。

心无间于已发未发，彻头彻尾都是，那处截做已发未发？如放僻邪侈，此心亦在，不可谓非心。淳。

问："形体之动，与心相关否？"曰："岂不相关？自是心使他动。"曰："喜怒哀乐未发之前，形体亦有运动，耳目亦有视听，此是心已发，抑未发？"曰："喜怒哀乐未发，又是一般。然视听行动，亦是心向那里。若形体之行动心都不知，便是心不在。行动都没理会了，说甚未发？未发不是漠然全不省，亦常醒在这里，不恁地困。"淳。

问："恻隐、羞恶、喜怒、哀乐，固是心之发，晓然易见处。如未恻隐、羞恶、喜怒、哀乐之前，便是寂然而静时，然岂得块然槁木？其耳目亦必有自然之闻见，其手足亦必有自然之举动，不审此时唤作如何？"曰："喜怒哀乐未发，只是这心未发耳。其手足运动,自是形体如此。"淳。

问:"先生前日以挥扇是气,节后思之:心之所思,耳之所听,目之所视,手之持,足之履,似非气之所能到。气之所运,必有以主之者。"曰:"气中自有个灵底物事。"节。

虚灵自是心之本体,非我所能虚也。耳目之视听,所以视听者即其心也,岂有形象?然有耳目以视听之,则犹有形象也。若心之虚灵,何尝有物?人杰。

问:"五行在人为五脏,然心却具得五行之理,以心虚灵之故否?"曰:"心属火,缘是个光明发动底物,所以具得许多道理。"偓。

问:"人心形而上下如何?"曰:"如肺肝五脏之心,却是实有一物。若今学者所论操舍存亡之心,则自是神明不测。故五脏之心受病,则可用药补之;这个心,则非菖蒲、茯苓所可补也。"问:"如此,则心之理乃是形而上否?"曰:"心比性,则微有迹;比气,则自然又灵。"谦。

问:"先生尝言,心不是这一块。某窃谓,满体皆心也,此特其枢纽耳。"曰:"不然,此非心也,乃心之神明升降之舍。人有病心者,乃其舍不宁也。凡五脏皆然。心岂无运用,须常在躯壳之内。譬如此建阳知县,须常在衙里,始管得这一县也。"某曰:"然则程子言'心要在腔子里',谓当在舍之内,而不当在舍之外耶?"曰:"不必如此。若言心不可在脚上,又不可在手上,只得在这些子上也。"义刚。

性犹太极也,心犹阴阳也。太极只在阴阳之中,非能离阴阳也。然至论太极自是太极,阴阳自是阴阳,惟性与心亦然,所谓一而二,二而一也。韩子以仁义礼智信言性,以喜怒哀乐言情,盖愈于诸子之言性。然至分三品,却只说得气,不曾说得性。砥。○以下总论心性。

问:"天之付与人物者为命,人物之受于天者为性,主于身者为心,有得于天而光明正大者为明德否?"曰:"心与性如何分别? 明如何安顿? 受与得又何以异? 人与物与身又何间别? 明德合是心,合是性?"曰:"性却实。以感应虚明言之,则心之意亦多。"曰:"此两个说著一个,则一个随到,元不可相离,亦自难与分别。舍心则无以见性,舍性又无以见心,故孟子言心性,每每相随说。仁义礼智是性,又言'恻隐之心,羞恶之心,辞逊、是非之心',更细思量。"大雅。

或问"心性之别",曰:"这个极难说,且是难为譬喻。如伊川以水喻性,其说本好,却使晓不得者生病。心,大概似个官人;天命,便是君之命;性,便如职事一般。此亦大概如此,要自理会得。如邵子云:'性者,道之形体。'盖道只是合当如此,性则有一个根苗,生出君臣之义,父子之仁。性虽虚,都是实理。心虽是一物,却虚,故能包含万理。这个要人自体察始得。"学蒙。○方子录云:性本是无,却是实理。心似乎有影象,然其体却虚。

旧尝以论心、论性处皆类聚看,看熟,久则自见。淳。

性便是心之所有之理,心便是理之所会之地。下"心"字,饶录作"性"。○升卿。

性是理,心是包含该载、敷施发用底。夔孙。

问"心之动、性之动",曰:"动处是心,动底是性。"宇。

心以性为体,心将性做馅子模样;盖心之所以具是理者,以有性故也。盖卿。

心有善恶,性无不善。若论气质之性,亦有不善。节。

郑仲履问:"先生昨说性无不善,心固有不善。然本心则元无不善。"曰:"固是本心元无不善,谁教你而今却不善了?今人外面做许多不善,却只说我本心之善自在,如何得?"盖卿。

心、性、理,拈著一个,则都贯穿,惟观其所指处轻重如何。如"养心莫善于寡欲,虽有不存焉者寡矣","存"虽指理言,然心自在其中;"操则存",此"存"虽指心言,然理自在其中。端蒙。

或问:"人之生,禀乎天之理以为性,其气清则为知觉。而心又不可以知觉言,当如何?"曰:"难说。以'天命之谓性'观之,则命是性,天是心,心有主宰之义。然不可无分别,亦不可太说开成两个,当熟玩而默识其主宰之意可也。"高。

说得出,又名得出,方是见得分明。如心、性,亦难说。尝曰:"性者,心之理;情者,性之动;心者,性情之主。"德明。

性对情言,心对性情言。合如此是性,动处是情,主宰是心。大抵心与性,似一而二,似二而一,此处最当体认。可学。

有这性,便发出这情;因这情,便见得这性。因今日有这情,便见得本来有这性。方子。

性不可言。所以言性善者,只看他恻隐、辞逊四端之善则可以见其性之善,如见水流之清,则知源头必清矣。四端,情也,性则理也。发者,情也,其本则性也,如见影知形之意。力行。

　　在天为命，禀于人为性，既发为情。此其脉理甚实，仍更分明易晓。唯心乃虚明洞彻，统前后而为言耳。据性上说"寂然不动"处是心，亦得；据情上说"感而遂通"处是心，亦得。故孟子说"尽其心者，知其性也"，文义可见。性则具仁义礼智之端，实而易察。知此实理，则心无不尽，尽亦只是尽晓得耳。如云尽晓得此心者，由知其性也。大雅。

　　景绍问"心性之别"，曰："性是心之道理，心是主宰于身者。四端便是情，是心之发见处。四者之萌皆出于心，而其所以然者，则是此性之理所在也。"道夫问："'满腔子是恻隐之心'如何？"曰："腔子是人之躯壳。上蔡见明道，举经史不错一字，颇以自矜。明道曰：'贤却记得许多，可谓玩物丧志矣！'上蔡见明道说，遂满面发赤，汗流浃背。明道曰：'只此便是恻隐之心。'公要见满腔子之说，但以是观之。"问："玩物之说主甚事？"曰："也只是'矜'字。"道夫。

　　伯丰论性有已发之性，有未发之性。曰："性才发，便是情。情有善恶，性则全善，心又是一个包总性情底。大抵言性，便须见得是元受命于天，其所禀赋自有本根，非若心可以一概言也。却是汉儒解'天命之谓性'，云'木神仁，金神义'等语，却有意思，非苟言者。学者要体会亲切。"又叹曰："若不用明破，只恁涵养，自有到处，亦自省力。若欲立言示训，则须契勘教子细，庶不悖于古人！"大雅。

　　履之问"未发之前心性之别"，曰："心有体用。未发之前是心之体，已发之际乃心之用，如何指定说得？盖主宰运用底便是心，性便是会恁地做底理。性则一定在这里，到主宰运用却在心。情只是几个路子，随这路子恁地做去底，却又是心。”道夫。

或问：“静是性，动是情？”曰：“大抵都主于心。‘性’字从‘心’从‘生’，‘情’字从‘心’从‘青’；性是有此理。且如‘天命之谓性’，要须天命个心了，方是性。”汉卿问：“心如个藏，四方八面都恁地光明皎洁，如佛家所谓六窗中有一猴，这边叫也应，那边叫也应。”曰：“佛家说心处，尽有好处。前辈云，胜于杨、墨。”贺孙。

叔器问：“先生见教，谓‘动处是心，动底是性’。窃推此二句只在‘底’‘处’两字上。如谷种然，生处便是谷，生底却是那里面些子。”曰：“若以谷譬之，谷便是心，那为粟，为菽，为禾，为稻底，便是性。康节所谓‘心者，性之郛郭’是也。包裹底是心，发出不同底是性。心是个没思量底，只会生。又如吃药，吃得会治病是药力，或凉，或寒，或热，便是药性；至于吃了有寒证，有热证，便是情。”义刚。

旧看五峰说，只将心对性说，一个情字都无下落。后来看横渠“心统性情”之说，乃知此话有大功，始寻得个“情”字着落，与孟子说一般。孟子言：“恻隐之心，仁之端也。”仁，性也；恻隐，情也；此是情上见得心。又曰“仁义礼智根于心”，此是性上见得心。盖心便是包得那性情，性是体，情是用。“心”字只一个字母，故“性”“情”字皆从“心”。偰。

人多说性方说心，看来当先说心。古人制字，亦先制得“心”字，“性”与“情”皆从“心”。以人之生言之，固是先得这道理，然才生这许多道理，却都具在心里。且如仁义自是性,孟子则曰"仁义之心";恻隐、羞恶自是情,孟子则曰"恻隐之心,羞恶之心"。盖性即心之理,情即性之用。今先说一个心,便教人识得个情性底总脑,教人知得个道理存着处。若先说性,却似性中别有一个心。横渠"心统性情"语极好。又曰:合性与知觉有心之名,则恐不能无病,便似性外别有一个知觉了!

或问"心情性",曰:"孟子说'恻隐之心,仁之端也'一段,极分晓。恻隐、羞恶、是非、辞逊是情之发,仁义礼智是性之体。性中只有仁义礼智,发之为恻隐、辞逊、是非,乃性之情也。如今人说性,多如佛、老说,别有一件物事在那里,至玄至妙,一向说开去,便入虚无寂灭。吾儒论性却不然。程子云:'性即理也。'此言极无病。'孟子道性善',善是性合有底道理。然亦要子细识得善处,不可但随人言语说了。若子细下工夫,子细寻究,自然见得。如今人全不曾理会,才见一庸人胡说,便从他去。尝得项平甫书云,见陈君举门人说:'儒、释,只论其是处,不问其同异。'遂敬信其说。此是甚说话!元来无所有底人,见人胡说话,便惑将去。若果有学,如何谩得他?如举天下说生姜辣,待我吃得真个辣,方敢信。胡五峰说性多从东坡、子由们见识说去。"谦。

问"性、情、心、仁",曰:"横渠说得最好,言:'心,统性情者也。'孟子言:'恻隐之心,仁之端;羞恶之心,义之端。'极说得性、情、心好。性无不善;心所发为情,或有不善。说不善非是心,亦不得。却是心之本体本无不善,其流为不善者,情之迁于物而然也。性是理之总名,仁义礼智皆性中一理之名。恻隐、羞恶、辞逊、是非是情之所发之名，此情之出于性而善者也。其端所发甚微，皆从此心出，故曰：'心，统性情者也。'性不是别有一物在心里，心具此性情。心失其主，却有时不善。如'我欲仁，斯仁至'；我欲不仁，斯失其仁矣。'回也三月不违仁'，言不违仁，是心有时乎违仁也。'出入无时，莫知其乡。'存养主一，使之不失去，乃善。大要在致知，致知在穷理，理穷自然知至。要验学问工夫，只看所知至与不至，不是要逐件知过，因一事研磨一理，久久自然光明。如一镜然，今日磨些，明日磨些，不觉自光；若一些子光，工夫又歇，仍旧一尘镜，已光处会昏，未光处不复光矣。且如'仁'之一字，上蔡只说知仁，孔子便说为仁。是要做工夫去为仁，岂可道知得便休？今学问流而为禅，上蔡为之首。今人自无实学，见得说这一般好，也投降；那一般好，也投降。许久南轩在此讲学，诸公全无实得处。胡乱有一人入潭州城里说，人便靡然从之，此是何道理？学问只理会个是与不是，不要添许多无益说话。今人为学，多是为名，又去安排讨名，全不顾义理。《说苑》载证父者以为直，及加刑，又请代受以为孝。孔子曰：'父一也，而取二名！'此是宛转取名之弊。学问只要心里见得分明，便从上面做去。如'杀身成仁'，不是自家计较要成仁方死，只是见得此事生为不安，死为安，便自杀身；旁人见得，便说能成仁，此旁人之言，非我之心要如此。所谓'经德不回，非以干禄；哭死而哀，非为生也'。若有一毫为人之心，便不是了。南轩云'为己之学，无所为而然'是也。"谦。

性、情、心，惟孟子、横渠说得好。仁是性，恻隐是情，须从心上发出来。"心，统性情者也。"性只是合如此底，只是理，非有个物事。若是有底物事，则既有善，亦必有恶。惟其无此物，只是理，故无不善。盖卿。

伊川"性即理也"，横渠"心统性情"二句，颠扑不破！砥。

"性是未动，情是已动，心包得已动未动。盖心之未动则为性，已动则为情，所谓'心统性情'也。欲是情发出来底。心如水，性犹水之静，情则水之流，欲则水之波澜，但波澜有好底，有不好底。欲之好底，如'我欲仁'之类；不好底则一向奔驰出去，若波涛翻浪；大段不好底欲则灭却天理，如水之壅决，无所不害。孟子谓情可以为善，是说那情之正，从性中流出来者，元无不好也。"因问："'可欲之谓善'之'欲'，如何？"曰："此不是'情欲'之'欲'，乃是可爱之意。"铢。○明作录略。

心，主宰之谓也。动静皆主宰，非是静时无所用，及至动时方有主宰也。言主宰，则混然体统自在其中。心统摄性情，非侗侗与性情为一物而不分别也。端蒙。

性以理言，情乃发用处，心即管摄性情者也。故程子曰"有指体而言者，'寂然不动'是也"，此言性也；"有指用而言者，'感而遂通'是也"，此言情也。端蒙。

"心统性情"，故言心之体用，尝跨过两头未发、已发处说。仁之得名，只专在未发上。恻隐便是已发，却是相对言之。端蒙。

心者，主乎性而行乎情。故"喜怒哀乐未发则谓之中，发而皆中节则谓之和"，心是做工夫处。端蒙。

心之全体湛然虚明，万理具足，无一毫私欲之间；其流行该遍，贯乎动静，而妙用又无不在焉。故以其未发而全体者言之，则性也；以其已发而妙用者言之，则情也。然"心统性情"，只就浑沦一物之中，指其已发、未发而为言尔；非是性是一个地头，心是一个地头，情又是一个地头，如此悬隔也。端蒙。

问："人当无事时，其中虚明不昧，此是气自然动处，便是性。"曰："虚明不昧，便是心；此理具足于中，无少欠阙，便是性；感物而动，便是情。横渠说得好，'由太虚有"天"之名，由气化有"道"之名'，此是总说；'合虚与气，有"性"之名；合性与知觉，有"心"之名'，是就人物上说。"夔孙。

问"心性情之辨"，曰："程子云：'心譬如谷种，其中具生之理是性，阳气发生处是情。'推而论之，物物皆然。"璧。

因言："心、性、情之分，自程子、张子合下见得定了，便都不差。如程子诸门人传得他师见成底说，却一齐差却。"或曰："程子、张子是他自见得，门人不过只听得他师见成说底说，所以后来一向差。"曰："只那听得，早差了也！"僴。

性主"具"字，"有"字。许多道理。昭昭然者属性；未发理具，已发理应，则属心；动发则情。所以"存其心"，则"养其性"。心该备通贯，主宰运用。吕云："未发时心体昭昭。"程云："有指体而言者，有指用而言者。"李先生云："心者贯幽明，通有无。"方。

心如水，情是动处，爱即流向去处。椿。

问："意是心之运用处，是发处？"曰："运用是发了。"问："情亦是发处，何以别？"曰："情是性之发，情是发出恁地，意是主张要恁地。如爱那物是情，所以去爱那物是意。情如舟车，意如人去使那舟车一般。"宇。〇以下兼论意。

心、意犹有痕迹。如性，则全无兆朕，只是许多道理在这里。砥。

问："意是心之所发，又说有心而后有意。则是发处依旧是心主之，到私意盛时，心也随去。"曰："固然。"

李梦先问"情、意之别"，曰："情是会做底，意是去百般计较做底。意因有是情而后用。"夔孙录云：因是有情而后用其意。〇义刚。

问："情、意，如何体认？"曰："性、情则一。性是不动，情是动处，意则有主向。如好恶是情，'好好色，恶恶臭'便是意。"士毅。

未动而能动者，理也；未动而欲动者，意也。若海。

性者，即天理也，万物禀而受之，无一理之不具。心者，一身之主宰；意者，心之所发；情者，心之所动；志者，心之所之，比于情、意尤重；气者，即吾之血气而充乎体者也，比于他，则有形器而较粗者也。又曰：舍心无以见性，舍性无以见心。椿。〇以下兼论志。

"心之所之谓之志，日之所之谓之时。'志'字从'之'从'心'，'旹'字从'之'从'日'。如日在午时，在寅时，制字之义由此。志是心之所之，一直去底。意又是志之经营往来底，是那志底脚。凡营为、谋度、往来，皆意也。所以横渠云：'志公而意私。'"问："情比意如何？"曰："情又是意底骨子。志与意都属情，'情'字较大。'性''情'字皆从'心'，所以说

‘心统性情’。心兼体用而言；性是心之理，情是心之用。”偊。

问“意志”，曰：“横渠云：‘以“意”“志”两字言，则志公而意私，志刚而意柔，志阳而意阴。’”卓。

志是公然主张要做底事，意是私地潜行间发处。志如伐，意如侵。升卿。

问：“情与才何别？”曰：“情只是所发之路陌，才是会恁地去做底。且如恻隐，有恳切者，有不恳切者，是则才之有不同。”又问：“如此，则才与心之用相类？”曰：“才是心之力，是有气力去做底。心是管摄主宰者，此心之所以为大也。心譬水也；性，水之理也。性所以立乎水之静，情所以行乎水之动，欲则水之流而至于滥也。才者，水之气力所以能流者，然其流有急有缓，则是才之不同。伊川谓‘性禀于天，才禀于气’是也。只有性是一定；情与心与才，便合着气了。心本未尝不同，随人生得来便别了。情则可以善，可以恶。”又曰：“要见得分晓，但看明道云：‘其体则谓之易，其理则谓之道，其用则谓之神。’易，心也；道，性也；神，情也。此天地之心、性、情也。”砥。〇以下兼论才。

性者，心之理；情者，心之动。才便是那情之会恁地者。情与才绝相近，但情是遇物而发，路陌曲折恁地去底；才是那会如此底。要之，千头万绪，皆是从心上来。道夫。

问：“性之所以无不善，以其出于天也；才之所以有善不善，以其出于气也。要之，性出于天，气亦出于天，何故便至于此？”曰：“性是形而上者，气是形而下者。形而上者全是天理，形而下者只是那查滓。至于形，又是查滓至浊者也。”

道夫。

问:"才出于气,德出于性?"曰:"不可。才也是性中出,德也是有是气而后有是德。人之有才者出来做得事业,也是它性中有了,便出来做得。但温厚笃实便是德,刚明果敢便是才。只为他气之所禀者生到那里多,故为才。"夔孙。

问:"能为善,便是才。"曰:"能为善而本善者是才。若云能为善便是才,则能为恶亦是才也。"人杰。

论才气,曰:"气是敢做底,才是能做底。"德明。

问:"'天命之谓性',充体谓气,感触谓情,主宰谓心,立趋向谓志,有所思谓意,有所逐谓欲。"答云:"此语或中或否,皆出臆度。要之,未可遽论。且涵泳玩索,久之当自有见。"铢尝见先生云:"名义之语极难下。如说性,则有天地之性,气质之性。说仁,则伊川有专言之仁,偏言之仁。此等且要默识心通。"人杰。

问:"知与思,于人身最紧要。"曰:"然。二者也只是一事;知与手相似,思是交这手去做事也,思所以用夫知也。"卓。○付。

仁义礼智等名义

道者,兼体用、该隐费而言也。节。○以下道理。

道是统名,理是细目。可学。

道训路,大概说人所共由之路;理各有条理界瓣。因举康节云:"夫道也者,道也。道无形,行之则见于事矣。如'道路'之'道',坦然使千亿万年行之,人知其归者也。"闳祖。

理是有条瓣逐一路子。以各有条,谓之理;人所共由,谓之道。节。

问:"道与理如何分?"曰:"道便是路,理是那文理。"问:"如木理相似?"曰:"是。"问:"如此却似一般?"曰:"'道'字包得大,理是'道'字里面许多理脉。"又曰:"'道'字宏大,'理'字精密。"胡泳。

问:"万物粲然,还同不同?"曰:"理只是这一个。道理则同,其分不同。君臣有君臣之理,父子有父子之理。"节。

理者有条理,仁义礼智皆有之。节。

问:"既是一理,又谓五常,何也?"曰:"谓之一理亦可,五理亦可。以一包之则一,分之则五。"问"分为五之序",曰:"浑然不可分。"节。

只是这个理,分做四段,又分做八段,又细碎分将去。四段者,意其为仁义礼智。当时亦因言文路子之说而及此。○节。

理,只是一个理。理举着,全无欠阙。且如言着仁,则都在仁上;言着诚,则都在诚上;言着忠恕,则都在忠恕上;言着忠信,则都在忠信上。只为只是这个道理,自然血脉贯通。端蒙。

理是有条理,有文路子。文路子当从那里去,自家也从那里去;文路子不从那里去,自家也不从那里去。须寻文路子在何处,只挨着理了行。节。

"理如一把线相似,有条理,如这竹篮子相似。"指其上行篾曰:"一条子恁地去。"又别指一条曰:"一条恁地去。又如竹木之文理相似,直是一般理,横是一般理。有心,便存得许多理。"节。

季通云:"理有流行,有对待。先有流行,后有对待。"曰:"难说先有后有。"季通举《太极说》,以为道理皆然,且执其说。人杰。

先生与人书中曰:"至微之理,至著之事,一以贯之。"节。

理无事,则无所依附。节。

问:"仁与道如何分别?"曰:"道是统言,仁是一事。如'道路'之'道',千枝百派,皆有一路去。故《中庸》分道德曰:父子、君臣以下为天下之达道,智仁勇为天下之达德。君有君之道,臣有臣之道。德便是个行道底,故为君主于仁,为臣主于敬。仁敬可唤做德,不可唤做道。"榦。○以下兼论德。

至德、至道:道者,人之所共由;德者,己之所独得。盛德、至善:盛德以身之所得而言,至善以理之极致而言。诚、忠、孚、信:一心之谓诚,尽己之谓忠,存于中之谓孚,见于事之谓信。端蒙。

存之于中谓理,得之于心为德,发见于行事为百行。节。

德是得于天者,讲学而得之,得自家本分底物事。节。

问:"泛观天地间,'日往月来,寒往暑来','四时行,百物生',这是道之用流行发见处。即此而总言之,其往来生化,无一息间断处,便是道体否?"曰:"此体、用说得是;但'总'字未当,总,便成兼用说了,只就那骨处便是体。如水之或流、或止、或激成波浪,是用;即这水骨可流,可止,可激成波浪处,便是体。如这身是体,目视、耳听、手足运动处便是用。如这手是体，指之运动提掇处便是用。"淳举《论语集注》曰："往者过，来者续，无一息之停，乃道体之本然也。"曰："即是此意。"淳。○以下论体、用。

问："前夜说体、用无定所，是随处说如此。若合万事为一大体、用，则如何？"曰："体、用也定。见在底便是体，后来生底便是用。此身是体，动作处便是用。天是体，'万物资始'处便是用。地是体，'万物资生'处便是用。就阳言，则阳是体，阴是用；就阴言，则阴是体，阳是用。"宇。

体是这个道理，用是他用处。如耳听目视，自然如此，是理也；开眼看物，着耳听声，便是用。江西人说个虚空底体，涉事物便唤做用。节。

问："先生昔曰：'礼是体。'今乃曰：'礼者，天理之节文，人事之仪则。'似非体而是用。"曰："公江西有般乡谈，才见分段子，便说道是用，不是体。如说尺时，无寸底是体，有寸底不是体，便是用；如秤，无星底是体，有星底不是体，便是用。且如扇子有柄，有骨子，用纸糊，此便是体；人摇之，便是用。"杨至之问体。曰："合当底是体。"节。

人只是合当做底便是体，人做处便是用。譬如此扇子，有骨，有柄，用纸糊，此则体也；人摇之，则用也。如尺与秤相似，上有分寸星铢，则体也；将去秤量物事，则用也。方子。

问："去岁闻先生曰：'只是一个道理，其分不同。'所谓分者，莫只是理一而其用不同？如君之仁，臣之敬，子之孝，父之慈，与国人交之信之类是也。"曰："其体已略不同。君臣、父子、国人是体；仁敬慈孝与信是用。"问："体、用皆异？"曰：

"如这片板，只是一个道理，这一路子恁地去，那一路子恁地去。如一所屋，只是一个道理，有厅，有堂。如草木，只是一个道理，有桃，有李。如这众人，只是一个道理，有张三，有李四；李四不可为张三，张三不可为李四。如阴阳，《西铭》言理一分殊，亦是如此。"又曰："分得愈见不同，愈见得理大。"^{节。}

诚者，实有此理。^{节。○以下论诚。}

诚只是实。又云：诚是理。^{一作"只是理"。○去伪。}

诚，实理也，亦诚悫也。由汉以来，专以诚悫言诚。至程子乃以实理言，后学皆弃诚悫之说不观。《中庸》亦有言实理为诚处，亦有言诚悫为诚处。不可只以实为诚，而以诚悫为非诚也。^{砥。}

问"性、诚"，曰："性是实，诚是虚；性是理底名，诚是好处底名。性，譬如这扇子相似；诚，譬则这扇子做得好。"又曰："五峰曰：'诚者，命之道乎！中者，性之道乎！仁者，心之道乎！'此语分得轻重虚实处却好。某以为'道'字不若改做'德'字更亲切，'道'字又较疏。"^{植。}

先生问诸友："'诚''敬'二字如何分？"各举程子之说以对。先生曰："敬是不放肆底意思，诚是不欺妄底意思。"^{过。○以下诚敬。}

诚只是一个实，敬只是一个畏。^{端蒙。}

妄诞欺诈为不诚，怠惰放肆为不敬，此诚敬之别。^{榦。}

问"诚、敬"，曰："须逐处理会。诚若是有不欺意处，只做不欺意会；敬若是有谨畏意处，只做谨畏意会。《中庸》说诚，作《中庸》看；《孟子》说诚处，作《孟子》看。将来自相发明耳。"夔孙。

"谨"字未如敬，敬又未如诚。程子曰："主一之谓敬，一者之谓诚。"敬尚是着力。铢。○以下杂论。

问"诚、信之别"，曰："诚是自然底实，信是人做底实。故曰：'诚者，天之道。'这是圣人之信。若众人之信，只可唤做信，未可唤做诚。诚是自然无妄之谓，如水只是水，火只是火，仁彻底是仁，义彻底是义。"夔孙。

叔器问："诚与信如何分？"曰："诚是个自然之实，信是个人所为之实。《中庸》说'诚者，天之道也'，便是诚。若'诚之者，人之道也'，便是信。信不足以尽诚，犹爱不足以尽仁。上是，下不是。"可学。

诚者实有之理，自然如此。忠信以人言之，须是人体出来方见。端蒙。

"诚"字以心之全体而言，"忠"字以其应事接物而言，此义理之本名也。至曾子所言"忠恕"，则是圣人之事，故其忠与诚，仁与恕，得通言之。如恕本以推己及物得名，在圣人，则以己及物矣。○端蒙。

问："仁与诚何别？"曰："仁自是仁，诚自是诚，何消合理会！理会这一件，也看到极处；理会那一件，也看到极处；便都自见得。"淳。

或问："诚是体，仁是用否？"曰："理一也，以其实有，故谓之诚。以其体言，则有仁义礼智之实；以其用言，则有恻隐、羞恶、恭敬、是非之实，故曰：'五常百行非诚，非也。'盖无其实矣，又安得有是名乎？"植。

或问:"诚是浑然不动,仁是此理流出否?"曰:"自性言之,仁亦未是流出,但其生动之理包得四者。"

问:"一与中,与诚、浩然之气,为一体事否?"曰:"一只是不杂,不可将做一事。中与诚与浩然之气,固是一事,然其分各别:诚是实有此理,中是状物之体段,浩然之气只是为气而言。"去伪。

问:"仁、义、礼、智、诚、中、庸,不知如何看?"曰:"仁义礼智,乃未发之性,所谓诚。中庸,皆已发之理。人之性本实,而释氏以性为空也。"辉。

在天只是阴阳五行,在人得之只是刚柔五常之德。泳。○以下五常。

大而天地万物,小而起居食息,皆太极阴阳之理也。又曰:仁木,义金,礼火,智水,信土。祖道。

或问:"仁义礼智,性之四德,又添'信'字,谓之'五性',如何?"曰:"信是诚实此四者,实有是仁,实有是义,礼智皆然。如五行之有土,非土不足以载四者。又如土于四时各寄王十八日,或谓王于戊己。然季夏乃土之本宫,故尤王。《月令》载'中央土',以此。"人杰。

问:"向蒙戒喻,说仁意思云:'义礼智信上着不得,又须见义礼智信上少不得,方见得仁统五常之意。'大雅今以树为喻:夫树之根固有生气,然贯彻首尾,岂可谓干与枝、花与叶无生气也?"曰:"固然。只如四时:春为仁,有个生意;在夏,则见其有个亨通意;在秋,则见其有个诚实意;在冬,则见其有个贞固意。在夏秋冬,生意何尝息?本虽雕零,生意则常存。大抵天地间只一理，随其到处，分许多名字出来。四者于五行各有配，惟信配土，以见仁义礼智实有此理，不是虚说。又如乾四德，元最重，其次贞亦重，以明终始之义。非元则无以生，非贞则无以终，非终则无以为始，不始则不能成终矣。如此循环无穷，此所谓'大明终始'也。"大雅。

得此生意以有生，然后有礼智义信。以先后言之，则仁为先；以大小言之，则仁为大。闳祖。

问："先生以为一分为二，二分为四，四分为八，又细分将去。程子说：'性中只有仁义礼智四者而已。'只分到四便住，何也？"曰："周先生亦止分到五行住。若要细分，则如《易》样分。"节。○以下仁义礼智。

尝言仁义礼智，而以手指画扇中心，曰："只是一个道理，分为两个。"又横画一画，曰："两个分为四个。"又以手指逐一指所分为四个处，曰："一个是仁，一个是义，一个是礼，一个是智，这四个便是个种子。恻隐、羞恶、恭敬、是非便是种子所生底苗。"节。

人只是此仁义礼智四种心。如春夏秋冬，千头万绪，只是此四种心发出来。铢。

吉甫问："仁义礼智，立名还有意义否？"曰："说仁，便有慈爱底意思；说义，便有刚果底意思。声音气象，自然如此。"直卿云：《六经》中专言仁者，包四端也；言仁义而不言礼智者，仁包礼，义包智。"方子。○节同；佐同。

仁与义是柔软底，礼智是坚实底。仁义是头，礼智是尾。一似说春秋冬夏相似，仁义—作"礼"。是阳底一截，礼智—作

"义智"。是阴底一截。渊。○方子录云：仁义是发出来嫩底，礼智是坚硬底。

问"仁义礼智体用之别"，曰："自阴阳上看下来，仁礼属阳，义智属阴；仁礼是用，义智是体。春夏是阳，秋冬是阴。只将仁义说，则'春作夏长'，仁也；'秋敛冬藏'，义也。若将仁义礼智说，则春，仁也；夏，礼也；秋，义也；冬，智也。仁礼是敷施出来底，义是肃杀果断底，智便是收藏底。如人肚脏有许多事，如何见得？其智愈大，其藏愈深。正如《易》中道：'立天之道，曰阴与阳；立地之道，曰柔与刚；立人之道，曰仁与义。'解者多以仁为柔，以义为刚，非也。却是以仁为刚，义为柔。盖仁是个发出来了，便硬而强；义便是收敛向里底，外面见之便是柔。"偶。

仁礼属阳，义智属阴。袁机仲却说："义是刚底物，合属阳；仁是柔底物，合属阴。"殊不知舒畅发达，便是那刚底意思；收敛藏缩，便是那阴底意思。他只念得"于仁也柔，于义也刚"两句，便如此说，殊不知正不如此。又云：以气之呼吸言之，则呼为阳，吸为阴，吸便是收敛底意。《乡饮酒义》云："温厚之气盛于东南，此天地之仁气也；严凝之气盛于西北，此天地之义气也。"偶。

"仁礼属阳，属健；义知属阴，属顺。"问："义则截然有定分，有收敛底意思，自是属阴顺。不知智如何解？"曰："智更是截然，更是收敛。如知得是，知得非，知得便了，更无作用，不似仁义礼三者有作用。智只是知得了，便交付恻隐、羞恶、辞逊三者。他那个更收敛得快。"偶。

生底意思是仁，杀底意思是义，发见会通是礼，收一作
"深"。藏不测是智。节。

仁义礼智，便是元亨利贞。若春间不曾发生，得到夏无缘
得长，秋冬亦无可收藏。泳。

问："元亨利贞有次第，仁义礼智因发而感，则无次第。"
曰："发时无次第，生时有次第。"佐。

百行皆仁义礼智中出。节。

仁义礼智，性之大目，皆是形而上者，岂可分也？人杰。

问："仁得之最先，盖言仁具义礼智。"曰："先有是生理，
三者由此推之。"可学。

仁，浑沦言，则浑沦都是一个生意，义礼智都是仁；对言，
则仁与义礼智一般。淳。

郑问："仁是生底意，义礼智则如何？"曰："天只是一元之
气。春生时，全见是生；到夏长时，也只是这底；到秋来成遂，
也只是这底；到冬天藏敛，也只是这底。仁义礼智割做四段，
一个便是一个；浑沦看，只是一个。"淳。

问："仁是天地之生气，义礼智又于其中分别。然其初只
是生气，故为全体。"曰："然。"问："肃杀之气，亦只是生气？"
曰："不是二物，只是敛些。春夏秋冬，亦只是一气。"可学。

仁与智包得，义与礼包不得。方子。

仁所以包三者，盖义礼智皆是流动底物，所以皆从仁上渐
渐推出。仁智、元贞，是终始之事，这两头却重。如坎与震，是
始万物、终万物处，艮则是中间接续处。

味道问："仁包义礼智，恻隐包羞恶、辞逊、是非，元包亨

利贞,春包夏秋冬。以五行言之,不知木如何包得火金水?"曰:"木是生气。有生气,然后物可得而生;若无生气,则火金水皆无自而能生矣;故木能包此三者。仁义礼智,性也。性无形影可以摸索,只是有这理耳。惟情乃可得而见,恻隐、羞恶、辞逊、是非是也。故孟子言性曰:'乃若其情,则可以为善矣。'盖性无形影,惟情可见。观其发处既善,则知其性之本善必矣。"时举。

问:"孟子说仁义礼智,义在第二;《太极图》以义配利,则在第三。"曰:"礼是阳,故曰亨。仁义礼智,犹言东西南北;元亨利贞,犹言东南西北。一个是对说,一个是从一边说起。"夔孙。

四端犹四德。逐一言之,则各自为界限;分而言之,则仁义又是一大界限;故曰:"仁,人心也;义,人路也。"如《乾文言》既曰"四德",又曰:"乾元者,始而亨者也;利贞者,性情也。"文蔚。

正淳言:"性之四端,迭为宾主,然仁智其总统也。'恭而无礼则劳',是以礼为主也;'君子义以为质',是以义为主也。盖四德未尝相离,遇事则迭见层出,要在人默而识之。"曰:"说得是。"大雅。

学者疑问中谓:"就四德言之,仁却是动,智却是静。"曰:"周子《太极图》中是如此说。"又曰:"某前日答一朋友书云:'仁体刚而用柔,义体柔而用刚。'"人杰。

问:"仁义礼智四者皆一理。举仁,则义礼智在其中;举义与礼,则亦然。如《中庸》言:'舜其大智也欤。'其下乃云,

'好问，好察迩言，隐恶而扬善'，谓之仁亦可；'执其两端，用其中于民'，谓之义亦可。然统言之，只是发明'智'字。故知理只是一理，圣人特于盛处发明之尔。"曰："理固是一贯。谓之一理，则又不必疑其多。自一理散为万事，则灿然有条而不可乱，逐事自有一理，逐物自有一名，各有攸当，但当观当理与不当理耳。既当理后，又何必就上更生疑？"大雅。

仁义礼智，才去寻讨他时，便动了，便不是本来底。又曰：心之所以会做许多，盖具得许多道理。又曰：何以见得有此四者？因其恻隐，知其有仁；因其羞恶，知其有义。又曰：伊川谷种之说最好。又曰：冬饮汤，是宜饮汤；夏饮水，是宜饮水。冬饮水，夏饮汤，便不宜。人之所以羞恶者，是触着这宜，如两个物事样。触着宜便羞恶者，是独只是一事。节。○末数语疑有脱误。

"仁"字须兼义礼智看，方看得出。仁者，仁之本体；礼者，仁之节文；义者，仁之断制；知者，仁之分别。犹春夏秋冬虽不同，而同出于春：春则生意之生也，夏则生意之长也，秋则生意之成，冬则生意之藏也。自四而两，两而一，则统之有宗，会之有元，故曰："五行一阴阳，阴阳一太极。"又曰：仁为四端之首，而智则能成始而成终；犹元为四德之长，然元不生于元而生于贞。盖天地之化，不翕聚则不能发散也。仁智交际之间，乃万化之机轴。此理循环不穷，吻合无间，故不贞则无以为元也。又曰：贞而不固，则非贞。贞，如板筑之有干，不贞则无以为元。又曰：《文言》上四句说天德之自然，下四句说人事之当然。元者，乃众善之长也；亨者，乃嘉之会也。嘉会，犹言一齐好也。会，犹齐也，言万物至此通畅茂盛，一齐皆好也。利者，义之和处也；贞者，乃事之桢干也。"体仁足以长人"，以仁为体，而温厚慈爱之理由此发出也。体，犹所谓"公而以人体之"之"体"。嘉会者，嘉其所会也。——以礼文节之，使之无不中节，乃嘉其所会也。"利物足以和义"，义者，事之宜也；利物，则合乎事之宜矣。此句乃翻转，"义"字愈明白，不利物则非义矣。贞固以贞为骨子，则坚定不可移易。铢。

问"仁"，曰："将仁义礼智四字求。"又问："仁是统体底否？"曰："且理会义礼智令分明，其空阙一处便是仁。"又曰："看公时一般气象如何，私时一般气象如何。"德明。

董卿问："仁恐是生生不已之意。人唯为私意所汨，故生意不得流行。克去己私，则全体大用，无时不流行矣。"曰："此是众人公共说底，毕竟紧要处不知如何。今要见'仁'字意思，须将仁义礼智四者共看，便见'仁'字分明。如何是义，如何是礼，如何是智，如何是仁，便'仁'字自分明。若只看'仁'字，越看越不出。"曰："'仁'字恐只是生意，故其发而为恻隐，为羞恶，为辞逊，为是非。"曰："且只得就'恻隐'字上看。"道夫问："先生尝说'仁'字就初处看，只是乍见孺子入井，而怵惕恻隐之心盖有不期然而然，便是初处否？"曰："恁地靠着他不得。大抵人之德性上，自有此四者意思：仁，便是个温和底意思；义，便是惨烈刚断底意思；礼，便是宣着发挥底意思；智，便是个收敛无痕迹底意思。性中有此四者，圣门却只以求仁为急者，缘仁却是四者之先。若常存得温厚底意思在这里，到宣着发挥时，便自然会宣着发挥；到刚断时，便自然会刚断；到收敛时，便自然会收敛。若将别个做主，便都对副不着了。此仁之所以包四者也。"问："仁即性，则'性'字可以言仁否？"曰："性是统言。性如人身，仁是左手，礼是右手，义是左脚，智是右脚。"蜚卿问："仁包得四者，谓手能包四支可乎？"曰："且是譬喻如此。手固不能包四支，然人言手足，亦须先手而后足；言左右，亦须先左而后右。"直卿问："此恐如五行之木，若不是先有个木，便亦自生下面四个不得。"曰："若无木便无火，无火便无土，无土便无金，无金便无水。"道夫问："向闻先生语学者：'五行不是相生，合下有时都有。'如何？"曰："此难说。若会得底，便自然不相悖，唤做一齐有也得，唤做相生也得。便虽不是相生，他气亦自相灌注。如人五脏，固不曾有先后，但其灌注时，自有次序。"久之，又曰："'仁'字如人酿酒：酒方微发时，带些温气，便是仁；到发得极热时，便是礼；到得熟时，便是义；到得成酒后，却只与水一般，便是智。又如一日之间，早间天气清明，便是仁；午间极热时，便是礼；晚下渐凉，便是义；到夜半全然收敛，无些形迹时，便是智。只如此看，甚分明。"道夫。

"今日要识得仁之意思是如何。圣贤说仁处最多，那边如彼说，这边如此说，文义各不同。看得个意思定了，将圣贤星散说体看，处处皆是这意思，初不相背，始得。《集注》说：'爱之理，心之德。'爱是恻隐，恻隐是情，其理则谓之仁。心之德，德又只是爱。谓之心之德，却是爱之本柄。人之所以为人，其理则天地之理，其气则天地之气。理无迹，不可见，故于气观之。要识仁之意思,是一个浑然温和之气,其气则天地阳春之气,其理则天地生物之心。今只就人身己上看有这意思是如何,才有这意思,便自恁地好,便不恁地干燥。将此意看圣贤许多说仁处,都只是这意。告颜子以'克己复礼',克去己私以复于礼,自然都是这意思。这不是待人旋安排,自是合下都有这个浑全流行物事。此意思才无私意间隔,便自见得人与己一,物与己一,公道自流行。须是如此看。孔门弟子所问,都只是问做工夫。若是仁之体段意思,也各各自理会得了。今却是这个未曾理会得,如何说要做工夫?且如程先生云:'偏言则一事,专言则包四者。'上云:'四德之元,犹五常之仁。'恰似有一个小小底仁,有一个大大底仁。'偏言则一事',是小小底仁,只做得仁之一事;'专言则包四者',是大大底仁,又是包得礼义智底。若如此说,是有两样仁。不知仁只是一个,虽是偏言,那许多道理也都在里面;虽是专言,那许多道理也都在里面。"致道云:"如春是生物之时,已包得夏长、秋成、冬藏意思在。"曰:"春是生物之时,到夏秋冬,也只是这气流注去。但春则是方始生荣意思,到夏便是结里定了,是这生意到后只渐老了。"贺孙曰:"如温和之气,固是见得仁。若就包四者意思看,便自然有节文,自然得宜,自然明辨。"曰:"然。"贺孙。

或问《论语》言仁处,曰:"理难见,气易见。但就气上看便见,如看元亨利贞是也。元亨利贞也难看,且看春夏秋冬。春时尽是温厚之气,仁便是这般气象。夏秋冬虽不同,皆是阳春生育之气行乎其中。故'偏言则一事,专言则包四者'。如知福州是这个人，此偏言也；及专言之，为九州安抚，亦是这一个人，不是两人也。故明道谓：'义礼智，皆仁也。若见得此理，则圣人言仁处，或就人上说，或就事上说，皆是这一个道理。'正叔云：'满腔子是恻隐之心。'"曰："仁便是恻隐之母。"又曰："若晓得此理，便见得'克己复礼'，私欲尽去，便纯是温和冲粹之气，乃天地生物之心。其余人所以未仁者，只是心中未有此气象。《论语》但云求仁之方者，是其门人必尝理会得此一个道理。今但问其求仁之方，故夫子随其人而告之。"赵致道云："李先生云：'仁是天理之统体。'"先生曰："是。"南升。○疑与上条同闻。

　　"仁有两般：有作为底，有自然底。看来人之生便自然如此，不待作为。如说父子欲其亲，君臣欲其义，是他自会如此，不待欲也。父子自会亲，君臣自会义，既自会恁地，便活泼泼地，便是仁。"因举手中扇云："只如摇扇，热时人自会恁地摇，不是欲他摇。孟子说'乍见孺子入井时，皆有怵惕恻隐之心'，最亲切。人心自是会如此，不是内交、要誉方如此。大凡人心中皆有仁义礼智，然元只是一物，发用出来，自然成四派。如破梨相似，破开成四片。如东对着西，便有南北相对；仁对着义，便有礼智相对。以一岁言之，便有寒暑；以气言之，便有春夏秋冬；以五行言之，便有金木水火土。且如阴阳之间，尽有次第。大寒后，不成便热，须是且做个春温，渐次到热田地；大热后，不成便寒，须是且做个秋凉，渐次到寒田地。所以仁义礼智自成四派，各有界限。仁流行到那田地时，义处便成义，礼、智处便成礼、智。且如万物收藏，何尝休了，都有生意在里面。如谷种、桃仁、杏仁之类，种着便生，不是死物，所以名之曰'仁'，见得都是生意。如春之生物，夏是生物之盛，秋是生意渐渐收敛，冬是生意收藏。"又曰："春夏是行进去，秋冬是退后去。正如人呵气，呵出时便热，吸入时便冷。"明作。

　　百行万善，固是都合着力，然如何件件去理会得？百行万善总于五常，五常又总于仁，所以孔、孟只教人求仁。求仁只是"主敬"，"求放心"，若能如此，道理便在这里。方子。拱寿同。

　　学者须是求仁。所谓求仁者，不放此心。圣人亦只教人求仁。盖仁义礼智四者，仁足以包之。若是存得仁，自然头头做着，不用逐事安排。故曰："苟志于仁矣，无恶也。"今看《大学》，亦要识此意，所谓"顾諟天之明命"，"无他，求其放心而已"。方子。○拱寿同。

　　问"求仁"，曰："看来'仁'字只是个浑沦底道理。如《大学》致知、格物，所以求仁也；《中庸》博学、审问、慎思、明辨、力行，亦所以求仁也。"又问："诸先生皆令人去认仁，必要人体认得这仁是甚物事。"曰："而今别把仁做一物事认，也不得；衮说鹘突了，亦不得。"焘。

　　或问："存得此心，便是仁。"曰："且要存得此心，不为私欲所胜，遇事每每着精神照管，不可随物流去，须要紧紧守着。若常存得此心，应事接物，虽不中不远。思虑纷扰于中，都是不能存此心。此心不存，合视处也不知视，合听处也不知听。"或问："莫在于敬否？"曰："敬非别是一事，常唤醒此心便是。人每日只鹘鹘突突过了，心都不曾收拾得在里面。"又曰："仁虽似有刚直意,毕竟本是个温和之物。但出来发用时有许多般,须得是非、辞逊、断制三者,方成仁之事。及至事定,三者各退,仁仍旧温和,缘是他本性如此。人但见有是非、节文、断制,却谓都是仁之本意,则非也。春本温和,故能生物,所以说仁为春。"明作。

或曰:"存得此心,即便是仁。"曰:"此句甚好。但下面说'合于心者为之,不合于心者勿为',却又从义上去了,不干仁事。今且只以孟子'仁,人心也;义,人路也',便见得仁义之别。盖仁是此心之德;才存得此心,即无不仁。如说'克己复礼',亦只是要是私欲去后,此心常存耳,未说到行处也。才说合于心者行之,便侵过'义,人路'底界分矣。然义之所以能行,却是仁之用处。学者须是此心常存,方能审度事理,而行其所当行也。此孔门之学所以必以求仁为先。盖此是万理之原,万事之本,且要先识认得,先存养得,方有下手立脚处耳。"

夫仁,亦在乎熟之而已矣! 文蔚。

耳之德聪,目之德明,心之德仁,且将这意去思量体认。○将爱之理在自家心上自体认思量,便见得仁。○仁是个温和柔软底物事。老子说:"柔弱者,生之徒;坚强者,死之徒。"见得自是,看石头上如何种物事出? "蔼乎若春阳之温,泛乎若醴酒之醇。"此是形容仁底意思。○当来得于天者只是个仁,所以为心之全体。却自仁中分四界子:一界子上是仁之仁,一界子是仁之义,一界子是仁之礼,一界子是仁之智。一个物事,四脚撑在里面,唯仁兼统之。心里只有此四物,万物万事皆自此出。○天之春夏秋冬最分晓：春生，夏长，秋收，冬藏。虽分四时，然生意未尝不贯；纵雪霜之惨，亦是生意。○以"生"字说仁，生自是上一节事。当来天地生我底意，我而今须要自体认得。○试自看一个物坚硬如顽石，成甚物事？此便是不仁。○试自看温和柔软时如何，此所以"孝悌为仁之本"。若如顽石，更下种不得。俗说"硬心肠"，可以见。硬心肠，如何可以与他说话？○恻隐、羞恶、辞逊、是非，都是两意：恻是初头子，隐是痛；羞是羞己之恶，恶是恶人之恶；辞在我，逊在彼；是、非自分明。○才仁，便生出礼，所以仁配春，礼配夏；义是裁制，到得智便了，所以配秋，配冬。○既认得仁如此分明，到得做工夫，须是"克己复礼"，"出门如见大宾，使民如承大祭；己所不欲，勿施于人"，方是做工夫处。先生令思"仁"字，至第三夜方说前三条，以后八条，又连三四夜所说。今依次第，不敢移动。○泳。

　　仁兼义言者，是言体；专言仁者，是兼体、用而言。节。

　　孔子说仁，多说体；孟子说仁，多说用。如"克己复礼"，"恻隐之心"之类。闳祖。○节同。

　　直卿云："圣贤言仁，有专指体而言者，有包体、用而言者。"先生曰："仁对义、礼、智言之，则为体；专言之，则兼体、用。此等处，须人自看，如何一一说得？日日将来看，久后须会见得。"佐。

　　周明作问"仁"，曰："圣贤说话，有说自然道理处，如'仁，人心'是也；有说做工夫处，如'克己复礼'是也。"雉。

　　前辈教人求仁，只说是渊深温粹，义理饱足。榦。

仁在事。若不于事上看，如何见仁？方。

做一方便事，也是仁；不杀一虫，也是仁；"三月不违"，也是仁。节。

"仁则固一，一所以为仁。"言所以一者是仁也。方。

熟底是仁，生底是恕；自然底是仁，勉强底是恕；无计较、无睹当底是仁，有计较、有睹当底是恕。道夫。

公在前，恕在后，中间是仁。公了方能仁，私便不能仁。可学。

仁是爱底道理，公是仁底道理。故公则仁，仁则爱。端蒙。

公是仁之方法，人身是仁之材料。铢。

公却是仁发处。无公，则仁行不得。可学。

仁，将"公"字体之；及乎脱落了"公"字，其活底是仁。季通语。○方。

或问"仁与公之别"，曰："仁在内，公在外。"又曰："惟仁，然后能公。"又曰："仁是本有之理，公是克己工夫极至处。故惟仁然后能公，理甚分明。故程子曰：'公而以人体之。'则是克尽己私之后，只就自身上看，便见得仁也。"

公不可谓之仁，但公而无私便是仁。敬不可谓之中，但敬而无失便是中。道夫。

无私以间之则公，公则仁。譬如水，若一些子碍，便成两截，须是打并了障塞，便滔滔地去。从周。○拱寿同。

做到私欲净尽，天理流行，便是仁。道夫。

余正叔尝于先生前论仁，曰："仁是体道之全。"曰："只是一个浑然天理。"文蔚。

王景仁问"仁",曰:"无以为也。须是试去屏叠了私欲,然后子细体验本心之德是甚气象,无徒讲其文义而已也。" 壮祖。

周明作谓:"私欲去则为仁。"曰:"谓私欲去后,仁之体见,则可;谓私欲去后便为仁,则不可。譬如日月之光,云雾蔽之,固是不见。若谓云雾去,则便指为日月,亦不可。如水亦然,沙石杂之,固非水之本然;然沙石去后,自有所谓水者,不可便谓无沙无石为水也。" 雉。

余正叔谓:"无私欲是仁。"曰:"谓之无私欲然后仁,则可;谓无私便是仁,则不可。盖惟无私欲而后仁始见,如无所壅底而后水方行。"方叔曰:"与天地万物为一体是仁。"曰:"无私,是仁之前事;与天地万物为一体,是仁之后事。惟无私,然后仁;惟仁,然后与天地万物为一体。要在二者之间识得。毕竟仁是甚模样?欲晓得仁名义,须并'义''礼''智'三字看。欲真个见得仁底模样,须是从'克己复礼'做工夫去。今人说仁,如糖,皆道是甜;不曾吃著,不知甜是甚滋味。圣人都不说破,在学者以身体之而已矣。" 闳祖。

或问:"仁当何训?"曰:"不必须用一字训,但要晓得大意通透。"

"仁"字说得广处,是全体。恻隐、慈爱底,是说他本。高。

仁是根,恻隐是萌芽。亲亲、仁民、爱物,便是推广到枝叶处。夔孙。

仁固有知觉;唤知觉做仁,却不得。闳祖。

以名义言之,仁自是爱之体,觉自是智之用,本不相同;

但仁包四德。苟仁矣，安有不觉者乎？ _{道夫。}

问："以爱名仁，是仁之迹；以觉言仁，是仁之端。程子曰：'仁道难名，惟公近之，不可便以公为仁。'毕竟仁之全体如何识认？'克己复礼，天下归仁'，孟子所谓'万物皆备于我'，是仁之体否？"先生曰："觉，决不可以言仁，虽足以知仁，自属智了。爱分明是仁之迹。"浩曰："恻隐是仁情之动处。要识仁，须是兼义、礼、智看。有个宜底意思是义，有个让底意思是礼，有个别白底意思是智，有个爱底意思是仁。仁是天理，公是天理。故伊川谓：'惟公近之。'又恐人滞着，随即曰：'不可便以公为仁。''万物皆备'固是仁，然仁之得名却不然。""浩曰"二字可疑。○浩。

问："先生答湖湘学者书，以'爱'字言仁，如何？"曰："缘上蔡说得'觉'字太重，便相似说禅。"问："龟山却推'恻隐'二字。"曰："龟山言'万物与我为一'云云，说亦太宽。"问："此还是仁之体否？"曰："此不是仁之体，却是仁之量。仁者固能觉，谓觉为仁，不可；仁者固能与万物为一，谓万物为一为仁，亦不可。譬如说屋，不论屋是木做柱，竹做壁，却只说屋如此大，容得许多物。如万物为一，只是说得仁之量。"因举禅语是说得量边事云云。○德明。

问："程门以知觉言仁，《克斋记》乃不取，何也？"曰："仁离爱不得。上蔡诸公不把爱做仁，他见伊川言：'博爱非仁也，仁是性，爱是情。'伊川也不是道爱不是仁，若当初有人会问，必说道'爱是仁之情，仁是爱之性'，如此方分晓。惜门人只领那意，便专以知觉言之，于爱之说，若将浼焉，遂蹉过仁地位去说，将仁更无安顿处。'见孺子匍匐将入井，皆有怵惕恻隐之心'，这处见得亲切。圣贤言仁，皆从这处说。"又问："知觉亦有生意。"曰："固是，将知觉说来冷了。觉在知上却多，只些小搭在仁边，仁是和底意。然添一句，又成一重。须自看得，便都理会得。"淳。○字同。

余景思问"仁之与心"，曰："'仁'字是虚，'心'字是实。如水之必有冷，'冷'字是虚，'水'字是实。心之于仁，亦犹水之冷，火之热。学者须当于此心未发时加涵养之功，则所谓恻隐、羞恶、辞逊、是非发而必中。方其未发，此心之体寂然不动，无可分别，且只恁混沌养将去。若必察其所谓四者之端，则既思便是已发。"道夫。

仁。○鸡雏初生可怜意与之同。○意思鲜嫩。○天理著见，一段意思可爱，发出即皆是。○切脉同体。说多不能记，盖非言语可喻也。○孟子便说个样子。今不消理会样子，只如颜子学取。○孔子教人仁，只要自寻得了后自知，非言可喻。○只是天理，当其私欲解剥，天理自是完备。只从生意上说仁。○其全体固是仁，所谓专言之也。又从而分，则亦有仁义分言之仁。今不可于名言上理会，只是自到便有知得。○上蔡所谓"饮食知味"也。方。

湖南学者说仁，旧来都是深空说出一片。顷见王日休解《孟子》云："麒麟者，狮子也。"仁本是恻隐温厚底物事，却被他们说得抬虚打险，瞠眉弩眼，却似说麒麟做狮子，有吞伏百兽之状，盖自"知觉"之说起之。麒麟不食生肉，不食生草；狮子则百兽闻之而脑裂。○督。

若说得本源，则不犯"仁"字。禅家曹洞有"五位法"，固可笑。以黑为正位，白为偏位，若说时，只是形容个黑白道理，更不得犯"黑白"二字。皆是要从心中流出，不犯纸上语。从周。

义，便作"宜"字看。洽。

不可执定，随他理去如此，自家行之便是义。节。

义是个毅然说话，如利刀着物。季札。

义如利刀相似，人杰录云：似一柄快刀相似。都割断了许多牵绊。祖道。

义如利刀相似，胸中许多劳劳攘攘，到此一齐割断了。圣贤虽千言万语，千头万项，然一透都透。如孟子言义，伊川言敬，都彻上彻下。

"义"字如一横剑相似，凡事物到前，便两分去。"君子义以为质"，"义以为上"，"义不食也"，"义弗乘也"，"精义入神，以致用也"：是此义十分精熟，用便见也。

"克己复礼为仁"，善善恶恶为义。襄。

仁义，其体亦有先后。节。

仁对义为体、用。仁自有仁之体、用，义又有义之体、用。伯羽。

赵致道问："仁义体用、动静何如？"曰："仁固为体，义固为用。然仁义各有体用，各有动静，自详细验之。"贺孙。

仁义互为体用、动静。仁之体本静，而其用则流行不穷；义之用本动，而其体则各止其所。

义之严肃，即是仁底收敛。淳。

以仁属阳,以义属阴。仁主发动而言,义主收敛而言。若扬子云:"于仁也柔,于义也刚。"又自是一义。便是这物事不可一定名之,看他用处如何。儆。

问"于仁也柔,于义也刚",曰:"仁体柔而用刚,义体刚而用柔。"铢曰:"此岂所谓'阳根阴,阴根阳'邪?"曰:"然。"铢。

先生答叔重疑问曰:"仁体刚而用柔,义体柔而用刚。"广请曰:"自太极之动言之,则仁为刚,而义为柔;自一物中阴阳言之,则仁之用柔,义之用刚。"曰:"也是如此。仁便有个流动发越之意,然其用则慈柔;义便有个商量从宜之义,然其用则决裂。"广。

"寻常人施恩惠底心,便发得易,当刑杀时,此心便疑。可见仁属阳,属刚;义属阴,属柔。"直卿云:"即将'舒敛'二字看便见:喜则舒,怒则敛。"方子。

仁义如阴阳,只是一气。阳是正长底气,阴是方消底气;仁便是方生底义,义便是收回头底仁。要之,仁未能尽得道体,道则平铺地散在里,仁固未能尽得,然仁却是足以该道之体。若识得阳,便识得阴;识得仁,便识得义。识得一个,便晓得其余个。道夫。

问:"义者仁之质?"曰:"义有裁制割断意,是把定处,便发出许多仁来。如非礼勿视听言动,便是把定处;'一日克己复礼,天下归仁',便是流行处。"淳。

问:"孟子以恻隐为仁之端,羞恶为义之端。周子曰:'爱曰仁,宜曰义。'然以其存于心者而言,则恻隐与爱固为仁心之发。然羞恶乃就耻不义上反说,而非直指义之端也;'宜'

字乃是就事物上说。不知义在心上,其体段如何?"曰:"义之在心,乃是决裂果断者也。"柄。

天下之物,未尝无对:有阴便有阳,有仁便有义,有善便有恶,有语便有默,有动便有静。然又却只是一个道理,如人行出去是这脚,行归亦是这脚;譬如口中之气,嘘则为温,吸则为寒耳。雉。

礼者,节文也。礼数。节。

直卿曰:"五常中说知有两般:就知识处看,用着知识者是知;就理上看,所以为是为非者,亦知也。一属理,一属情。"曰:"固是。道德皆有体有用。"字。

礼者,仁之发;智者,义之藏。且以人之资质言之:温厚者多谦逊,通晓者多刻剥。焘。

问"仁、敬",曰:"上蔡以来,以敬为小,不足言,须加'仁'字在上。其实敬不须言仁,敬则仁在其中矣。"方。○以下兼论恭敬忠信。

恭主容,敬主事。有事著心做,不易其心而为之,是敬。恭形于外,敬主于中。自诚身而言,则恭较紧;自行事而言,则敬为切。淳。

初学则不如敬之切,成德则不如恭之安。敬是主事,然专言则又如"修己以敬","敬以直内",只偏言是主事。恭是容貌上说。端蒙。

问:"'恭敬'二字,以谓恭在外,功夫犹浅;敬在内,功夫大段细密。"曰:"二字不可以深浅论。恭敬,犹'忠信'两字。"文蔚曰:"恭即是敬之发见。"先生默然良久,曰:"本领虽在敬上，若论那大处，恭反大如敬。若不是里面积盛，无缘发出来做得恭。"文蔚。

吉甫问"恭敬"，曰："'恭'字软，'敬'字硬。"直卿云："恭似低头，敬似抬头。"至。

因言"恭敬"二字如忠信，或云："敬，主于中者也；恭，发于外者也。"曰："凡言发于外，比似主于中者较大。盖必充积盛满，而后发于外，则发于外者岂不如主于中者？然主于中者却是本，不可不知。"僴。

忠信者，真实而无虚伪也；无些欠阙，无些间断，朴实头做去，无停住也。敬者，收敛而不放纵也。祖道。

忠自里面发出，信是就事上说。忠，是要尽自家这个心；信，是要尽自家这个道理。